"博雅教育"的内涵发展与实践探索

陈伟平　著

广西师范大学出版社
·桂林·

序　言

"博雅教育"在义务教育阶段学校的全新尝试

上海对外经贸大学附属松江实验学校依托"松江环大学城教育高地"而建，虽然年轻，但蕴育着蓬勃生机。学校传承上海对外经贸大学"诚信、宽容、博学、务实"的校训，确立了"博学善思，惟精惟一"的办学理念，提出了"勇于进取、乐于合作"的校训精神，注重培养学生"知识、能力、素质"的协调发展。

目前，国内教育界对"博雅教育"的解读，往往与通识教育和素质教育等概念纠缠在一起。近年来，"博雅教育"主要在高等院校实施，国内不少高校都在探索这种育人模式，大都以人才培养目标的重新定位和课程体系的全面重构为突破口。所以，松江实验学校的探索是"博雅教育"在义务教育阶段的全新尝试。学校提出的"学识广博、品行高雅"育人目标，是"博雅教育"在义务教育阶段的创新实践，是在尝试建构一种新的教育生态。

松江实验学校探索的"博雅教育"，是一种彰显发展学生核心素养的素质教育理念，是一种使人格臻于美善的教育理想。学校实施的"博雅教育"强调学生的全面发展，注重培养学生的人文精神、批判性思维和创新能力，着眼于培养学生适应和应对未来挑战的能力。松江实验学校循着"以培养博雅学子为定位、以打造高效课堂为重点、以学生全面而个性发展为目标"的发展思路，全面打造五大特色品牌——管理特色、教育特色、课程特色、教学特色、活动特色，形成了学生成长的"五自"范式：自主规划、自主学习、自主管理、自主评价、自主调整。

松江实验学校借鉴大学实施通识教育的做法，充分发挥大学附校的优势，积极引入大学的课程资源、专家资源、学生资源、项目资源与活动资源。通过开设中外文化课程和现代经贸系列课程，搭建大中小一体化思政教育、体育、艺术、科技等活动平台，拓展学生的认知视野，丰富学生的成长经历。

本书汇聚了学校多年改革实践的有效做法和宝贵经验，相信本书会给教育界同仁很多启示。

张志敏（中国教育学会副会长、上海市特级校长）

目 录

第一章　学校内涵发展："博雅教育"，优质学校·················1

　　第一节　提高思想站位，科学树立新时代学校办学理念·········1

　　第二节　坚持守正创新，积极探索新时代学校办学思路·········9

　　第三节　注重目标导向，深入实践新时代学校办学策略·········19

　　第四节　增强品牌意识，精心打造新时代学校办学特色·········26

第二章　校园文化建设：以美育人，以文化人·················37

　　第一节　以外在条件与环境建设为基础，构建校园物质文化·······37

　　第二节　以师生行为规范教育为抓手，打造校园行为文化·········41

　　第三节　以学校规章制度建设为载体，创设校园制度文化·········45

　　第四节　以学校师生价值追求为引领，营造校园精神文化·········49

第三章　学校综合治理：科学民主，管理规范·················53

　　第一节　以党建为引领，落实党组织领导的校长负责制·········53

　　第二节　以章程为核心，推进现代学校制度建设·············59

　　第三节　加强学校综合治理，落实依法依规办学·············66

　　第四节　落实绩效考核奖励，优化学校激励机制·············73

第四章　课程建设：素养立意，"博雅"课程‥‥‥‥‥‥‥‥‥‥80

第一节　基于"博雅教育"目标，系统规划学校课程‥‥‥‥‥‥‥80

第二节　以学生发展需求为导向，构建"五美"校本课程体系‥‥‥85

第三节　聚焦学生核心素养发展，深入推进综合实践课程学习‥‥‥91

第四节　完善课程评价制度，提升"博雅"课程质量‥‥‥‥‥‥‥97

第五章　课堂变革：高效课堂，提质赋能‥‥‥‥‥‥‥‥‥‥‥103

第一节　以提高教学质量为中心，不断改善教学方式‥‥‥‥‥‥103

第二节　以优化教学环节为抓手，精心打造高效课堂‥‥‥‥‥‥110

第三节　以丰富学习活动为载体，拓宽学生参与时空‥‥‥‥‥‥119

第四节　以落实"双减"为突破口，构建"研-学-评"一体化作业体系

‥‥‥‥‥‥‥‥‥‥‥‥‥‥‥‥‥‥‥‥‥‥‥‥‥‥‥127

第六章　教师发展：敬业爱生，博学善教‥‥‥‥‥‥‥‥‥‥‥134

第一节　以党的二十大精神为指引，切实提升师德修养‥‥‥‥‥134

第二节　以校本研修为载体，推动教师专业成长‥‥‥‥‥‥‥‥139

第三节　以教研组建设为重点，构建教师学习共同体‥‥‥‥‥‥145

第四节　以中国式现代化为引领，完善教师专业培养‥‥‥‥‥‥150

第七章　学生成长：学识广博，品行高雅‥‥‥‥‥‥‥‥‥‥‥159

第一节　以"博雅教育"为价值取向，成就博雅学子‥‥‥‥‥‥159

第二节　从"学会"到"会学"，养成学生良好的学习习惯‥‥‥‥166

第三节　落实家庭教育指导行动，全面提升家庭教育能力‥‥‥‥172

第四节　推进家校协同育人实践，促进学生全面健康成长‥‥‥‥181

后　记‥‥‥‥‥‥‥‥‥‥‥‥‥‥‥‥‥‥‥‥‥‥‥‥‥191

第一章　学校内涵发展："博雅教育"，优质学校

第一节　提高思想站位，科学树立新时代学校办学理念

《义务教育课程方案和课程标准（2022 年版）》明确了义务教育培养目标：义务教育要在坚定理想信念、厚植爱国主义情怀、加强品德修养、增长知识见识、培养奋斗精神、增强综合素质上下功夫，使学生有理想、有本领、有担当，培养德智体美劳全面发展的社会主义建设者和接班人。《中共中央　国务院关于深化教育教学改革全面提高义务教育质量的意见》明确提出了六个方面的任务要求：（1）坚持立德树人，着力培养担当民族复兴大任的时代新人；（2）坚持"五育"并举，全面发展素质教育；（3）强化课堂主阵地作用，切实提高课堂教学质量；（4）按照"四有好老师"标准，建设高素质专业化教师队伍；（5）深化关键领域改革，为提高教育质量创造条件；（6）加强组织领导，开创新时代义务教育改革发展新局面。

　　一个学校的办学理念对学校的发展起着非常重要的引领作用。办学理念是教育理念的下位概念，是校长基于"办什么样的学校"和"怎样办好学校"的深层次思考的结晶。办学理念，从某种意义上说，就是学校的生存理由、生存动力、生存期望的有机构成。从内容上来说，包括学校理念、教育目的理念、教师理念、治校理念等；从结构上来说，包括办学目标、工作思路、办学特色等要素。办学理念的功能就是回答学校的全部活动涉及的三个基本问题：为什么？做什么？怎么做？这三个问题的答案共同解决

了学校的终极问题：学校是什么？

　　新建一所学校，学校管理团队要对学校校情作深入的分析，充分把握学校的办学条件、办学优势、办学困难和面临的挑战等具体因素，集合团队的智慧，形成适合学校校情的办学理念，有效地推动和指导学校教育教学工作，努力提高教育质量，落实立德树人，实现"五育"并举，真正促进学生的全面发展和健康成长，切实培养社会主义事业的建设者和接班人。

一、情况分析

（一）学校现状

　　上海对外经贸大学附属松江实验学校简称"上经贸大附校"，是松江区人民政府和上海对外经贸大学联合创办的一所九年一贯制义务教育学校。学校始建于 2016 年，位于松江区乐都西路 1829 号，占地面积约为 48 323.6 平方米，建筑总面积约为 24 489 平方米。

　　学校校级领导班子有 5 人；在编教师有 120 人，师资队伍呈高学历、年轻化特点，35 岁及以下教师占比为 71.8%。学校共有 42 个教学班、1 800 多名学生。

（二）发展优势

　　作为上海对外经贸大学唯一的附校，学校有相应的资源优势。大学领导高度重视附校的建设和发展，委派专家团队和管理团队，制订地校共建计划。学校依托"松江环大学城教育高地"建设，获得了更多适合附校的社会资源和展示平台，同时借力大学英语、经贸等特色专业，开展特色课程建设，开发了中外文化、经贸等系列课程。

　　松江新城的发展，以及学校条件的改善、教师队伍素质的提高等方面都对学校起到了积极的推动和辐射作用。作为新建的大学附校，学校有较高的起点，没有历史束缚与旧制约束，完全可以按照新的办学理念去实施规划。同时，松江区教育局关心学校发展，提供专项办学经费支持，助力学校发展建设。学校领导班子及干部队伍整体素质较高，团结协作，有前瞻观念、服务意识和实干精神。学校教师队伍平均年龄为 30.8 岁，硕士研究生占 47.3%，党员教师占 49.55%；他们充满活力，工作有热情，是学校教育教学发展的主力军。

（三）存在问题

学校管理能力有待提升。管理团队相对年轻，缺乏管理经验，在课程建设、校本研修、专业发展的指导上缺乏高度。学校缺乏学科名师和骨干教师，难以有效担负起校本研修的组织引领作用，师资队伍建设存在明显的短板。青年教师培养工作任务艰巨，学校每年招聘 20—30 名新教师，年轻教师普遍缺乏教学经验，需要经历 5—8 年的成长周期；德育需要进一步提升，班主任教师普遍年轻，缺乏德育方法。学生家长忙于工作，缺乏科学的教育观念，无法进行有效的教育和引导。学校特色不够鲜明，在依托上海对外经贸大学优质资源、完善学校课程体系建设、提升学校教学质量、打造学校特色项目上还存在不足，办学品质需要进一步提升。

（四）挑战与机遇

新时代教育综合改革提出了新要求。按照中共十九届五中全会确定的坚定新发展理念、构建新发展格局的要求，新时代教育综合改革在不断深入推进中。新课程、新教材的实施，新中考政策的落实，对学校教育提出了新要求。努力让每个孩子都能享有公平而有质量的教育，是党的十九大提出的新要求。基础教育的发展转入优质均衡的新阶段。服务松江教育强基础、建高原、攀高峰的发展战略，进一步推进品牌建设，积极参与教育综合改革，不断改进教学方式，促进学生全面发展与教师的专业成长，成为学校发展的迫切任务。

松江新城发展规划带来了新机遇。上海市委、市政府重点布局上海五大新城建设，将松江作为 G60 科创走廊国家长三角一体化发展战略的重要策源地。随着城市经济与文化的快速发展，城市人口大量导入，义务教育学校发展成为广大人民群众关注的焦点，也获得了更多的发展机遇。位于松江新城发展核心区域的上经贸大附校同样有进一步发展的机会，更要积极打造"环大学城教育新高地"的窗口学校。

大学附校品牌优势产生新效益。上海对外经贸大学重视附校发展和建设，为附校提供了课程资源、专家资源、学生资源、项目资源与活动资源。中外文化与现代经贸系列课程，奠定了学校进一步拓展提升的基础。丰富的专家团队带给附校及时的专业指导和专业智慧，推动学校大中小一体化思政教育工作，推动学校引入体育、艺术、科技等项目，寻求更多的拓展资源，为学生创造广泛的活动平台。

二、正确把握办学理念提炼的五个因素

（一）要明确学生的发展目标

教育是国之大计、党之大计。我们要紧紧抓住"培养什么人"这一首要问题，培养德智体美劳全面发展的学生。在德育上，教育引导学生践行社会主义核心价值观，踏踏实实修好品德，成为有大爱、大德、大情怀的人；在智育上，教育引导学生珍惜学习时光，心无旁骛地求知问学，增长见识，丰富学识，沿着求真理、悟道理、明事理的方向前进；在体育上，帮助学生在体育锻炼中享受乐趣、增强体质、健全人格、锤炼意志；在美育上，提高学生审美和人文素养，帮助学生学会鉴赏不同的艺术形式，特别是要掌握几项基本的艺术才能；在劳育上，教育引导学生树立正确的劳动观念，崇尚劳动、尊重劳动，掌握基本的劳动技能。德智体美劳全面发展，既是对人的素质定位的基本准则，也是教育的趋向目标。我们要在明确学生发展目标的基础上，制定并落实具体的培养要求。

（二）要明确教师的发展目标

教师是教育发展的第一资源，是立教之本、兴教之源。在全面深化教

师队伍建设的背景下，"让优秀的人培养更优秀的人"是学校师资队伍高质量发展的首要目标。教师首先要有关爱学生的师德素养，要站在学生发展的角度实施教育行为。其次要具有高超的教学能力，正确地解读课程标准、学科教材，合理地设计教学计划，娴熟地组织教学活动，自如地实施教学调控，科学地指导学生学习，逐步地教育和引导学生。再次要有家校沟通的能力，有效指导家庭教育，给予家长适当的教育帮助。最后要有实施教育研究的能力，及时反思自己的教学，发现其中的问题，找到自己的不足，探索改进的方式，形成理性的分析报告，从而推进自己的专业发展和能力提升。

（三）要正确落实课程标准要求

教师要研读和正确落实课程标准，在不同的阶段，应该有具体的要求。在小学低年级阶段，要严格按照课程标准的要求进行教学，主要是关注学生学习习惯的培养、方法的掌握，而不是知识的多少、能力的强弱。在高年级阶段要注重学生学习能力的培养，教给他们学习的方法，努力启发他们的思维，促进他们的个性成长。在初中阶段要根据学生的水平和能力，确定相应的教学要求和标准，注重阅读能力、思维能力、实践能力的逐步培养，在系统化的培养体系中促进他们的发展。教毕业年级的教师要针对学生学业考试的要求，进行相应的训练，梳理他们的知识体系，培养他们的解题和实际应用能力。

（四）要及时掌握新时代教学要求

教师要跟随时代发展的潮流，打破传统方式、方法与固有观念，不断地学习和发展，成为新时代的学习型教师、研究型教师和智慧型教师。教师要及时掌握新的教学模式，站在促进学生发展、培养学生能力、提升学生素养的角度实施教学；要提升自己的专业水平，看懂、看透学科教材，逐步形成自己的感悟和思想；要从引领的视角出发，引导学生学习和思考，带领他们进行实践和感悟；要用深邃的思想点拨学生的思路、启发学生的心智、触动学生的思想、培育学生的心灵；要丰富自己的教学手段，娴熟地运用信息技术，充分借助网络资源，呈现生动新奇的学习场景，拓展学生学习的视野，激发学生的学习热情，带动学生的学习和实践；要提升教学实践能力，能够创设各种情景，能够设计不同的活动任务，让学生们沉醉其中、乐在其中；要能够把学习转化成各种活动实践，转化成学生的体会和感悟，在潜移默化中影响和培养学生。而成就学生的关键，就是要不断地提升自我。教师站在一定的高度，就能从容地引导学生前进，告别传统的苦干和蛮干。

（五）要切实关心学生的学习

要关注学生的学习基础、学习能力、学习习惯、学习方法，关注学生的需求，针对不同的学生提供不同的教育和帮助。在国家课程上实施分层教学，学生有基础练习、拓展练习、探究练习等不同选择。对学习有困难的学生，只要求其完成基础练习的训练。在校本课程教学上，要根据学生的兴趣爱好和生理、心理特征，开设各种选择性课程，如合唱、演奏、绘画、书法、体育、手工、模型、辩论、戏剧等，拓展他们的学习范围，让学生得到不同的学习和锻炼。在实践活动上，可以选拔有兴趣爱好、有个性专长的学生，提高培训要求，强化培训任务，展现学生风采，逐步形成特色项目。要让学生经历各种锻炼，激发他们的兴趣，培养他们的特长，强化他们的能力，提升他们的素养。

三、科学树立新时代学校办学理念

（一）找准办学理念

作为附属实验学校，学校积极传承和发扬上海对外经贸大学的办学理念。上海对外经贸大学是国家财经类大学之一，学校秉持"诚信、宽容、博学、务实"的校训，坚持"以学生为本、以学术为魂"的办学理念，注重培养学生"知识、能力、素质"协调发展。根据上海对外经贸大学的校训，结合基础教育的特点和学生发展的规律,学校提出"博学善思,惟精惟一"的办学理念,努力实践"勇于进取、乐于合作"的校训精神。

"博学善思"出自《礼记·中庸》:"博学之,审问之,慎思之,明辨之,笃行之。"倡导师生广泛地学习、详细地询问、周密地思考、明确地辨别、切实地践行。"人心惟危,道心惟微,惟精惟一,允执厥中"为古代治国十六字心传,最早记载于《尚书·虞书·大禹谟》,"惟精惟一"即出于此。学校致力于培养勤学善思、乐学好问的学生,培养敬业爱生、博学善教的教师,以实现学校的精益求精、优质精品的办学目标。

何谓"博雅教育"? 在国外,博雅教育(liberal arts education)又称通识教育、文科教育、人文教育、通才教育、素质教育等。古希腊倡导博雅教育(liberal education),旨在培养具有广博知识和优雅气质的人,让学生摆脱庸俗、唤醒卓异。其所成就的,不是没有灵魂的"专门家",而是一个有文化的人。在现代社会中,博雅教育被认为是一种基于社会中的人的通才素质教育。它不同于专业教育、专才教育。哈佛大学英国文学系教授路易斯·门纳德认为,博雅教育并不为职业技能、经济回报或某种意识形态而服务。博雅教育是探究和追求真理的教育而非为了任何形式的实用性回报。博雅教育探究的是知识的产生过程,是对知识的溯源,而不是去接受现有的知识;学生不是吸收知识,而是对新旧知识进行思考。理查德·格林沃德在他的《微型企业家时代》一书中提及,新人类应具备的素质包括"学识的广度、跨学科文化知识、信息敏感度以及待人处事的灵活度"。另外,"终身学习能力、持续成长和创新的态度"是不可缺少的。美国威廉·德雷谢维奇认为,博雅教育的终极目标并非实用主义,而是培养超越空间和时间来思考问题、不受工作性质限制的能力。博雅教育关注的是公民权益、他人利益,以及构建一个健康、有创造力、自由的自己。

在东方,博雅教育的传统可以追溯到先秦时代的六艺教育和汉朝以后通常的儒家教育,六艺教育注重综合知识和技能,而儒家教育偏重人格和人文素质。博雅教育涉足的范畴随着社会而变迁,到了近代,人文和科学都成了博雅教育的重要组成部分,以致博雅教育又被称为文理教育。

综合上述观点,学校所提出的"博雅教育"中,"博"指学识广博,"雅"

指品行高雅。博雅教育即在积极实施"文化＋特长"发展战略的基础上确立"学识广博、品行高雅"的目标，从而明确"以提高教育质量为中心、以打造高效课堂为重点、以学生个性发展为目标"的总体发展思路，积极打造博雅教育"管理特色、教育特色、课程特色、教学特色、活动特色"五大品牌，积极实践"勇于进取、乐于合作"的校训精神，积极弘扬开拓创新、务实进取的校风，博学善教、敬业爱生的教风，勤学善思、乐学好问的学风，积极实施"五自"教育（自主规划、自主学习、自主管理、自主评价、自主调整），努力培养"学识广博、品行高雅"的附校学子。

（二）确定办学目标

充分发挥上海对外经贸大学资源优势，努力培养具有广博学识、高雅品行的附校学生，努力建设一支爱岗敬业、乐于奉献、学识扎实、专业发展的教师队伍，积极打造一所高品质（管理优、质量高、品行雅）、有特色（经贸特色、外语特色、科创特色）的品牌学校，积极实现"努力做最好的自己"的发展愿景。

（三）制定培养目标

学校认真落实"五育并举、全面发展"的教育要求，关注学生学习需求，深入开展博雅教育，推进"三学三雅"行动：勤学国家课程，博学校本课程，乐学实践课程；通过行为规范、安全教育培养学生雅行，通过仪式教育、节庆教育培养学生雅志，通过成长系列教育培养学生雅心。聚焦学习兴趣、学习习惯、学习方法、学习意志、学习能力五个维度，关注诚实守信、爱国情怀、理想信念、责任担当、意志品质五项品行，让学生学会学习、学会运动、学会交流、学会合作、学会创造。

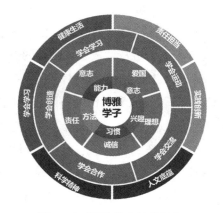

图 1-1　博雅教育培养目标

第二节 坚持守正创新，积极探索新时代学校办学思路

习近平总书记在党的二十大报告中全面总结了过去五年的工作和新时代十年的伟大变革，充分肯定了教育取得的显著成绩。基础教育普及水平大幅提升，办学条件显著改善，制度体系基本完善，育人质量稳步提高，为实现幼有所育、学有所教，建成世界上规模最大的教育体系，教育普及水平实现历史性跨越发挥了重要作用，为全面建成小康社会做出了积极贡献。党的二十大报告首次把教育、科技、人才一体部署，充分体现了党和国家对教育事业的高度重视和教育在中国式现代化中的重要地位、作用。

基础教育是国民教育体系的根基，具有重要基础性、先导性作用，事关国家发展和民族未来，对培养担当民族复兴重任的时代新人具有重要奠基作用。基础教育是帮助学生"扣好人生第一粒扣子"的关键阶段，必须全面贯彻党的教育方针，把立德作为育人的根本，着力培养德智体美劳全面发展的社会主义建设者和接班人。基础教育是重大民生工程，必须坚持人民至上，强化公益性，做到面向全体、全面培养，实现更加公平、更高质量的发展。加快义务教育优质均衡发展和城乡一体化，优化区域教育资源配置，为统筹推进基础教育高质量发展指明了前进方向。

按照教育部基础教育工作要求，学校在办学上要聚焦提升教学效能，着力增强发展动能，提高教师实施新课程、新教材的能力和水平；推进基础教育数字化战略，用好国家中小学智慧教育平台，探索信息技术多场景应用，实现技术与教育教学的深度融合；深化减负提质，开展优质作业设计展示交流，丰富课后服务资源，更好地发挥课堂教学主渠道作用，让学生在校内学足学好。要聚焦优化教育治理，着力深化综合改革；积极参与体制机制改革实验，充分激发办学活力；健全学校积极主导、家庭主动尽

责、社会有效支持的育人机制，推动形成学校、家庭、社会协同育人新格局；加快构建以发展素质教育为导向的科学评价体系；完善学生安全防控体系，加强学生心理健康教育，净化育人环境，切实保障学生安全。

在认真落实党的二十大精神、积极推进基础教育优质均衡发展的征途上，学校在办学思路上要有清醒的认识，要树立正确的教育观念，引导学生明确教育目的，教给学生科学的学习方法，给学生提供丰富的社会实践机会，建立科学完善的评价标准，从而正确引领学校的发展，实现办好人民满意的教育的目的。

一、树立正确的教育观念

（一）教育是一种引导

教育不是灌输，它是一种引导。如果只是简单地把知识告诉学生，把道理讲给学生听，那不是教育，只是一种宣传、一种传播。德国著名教育学家斯普朗格曾说过："教育的最终目的不是传授已有的东西，而是把人的创造力量诱导出来，将生命感、价值感唤醒。"因而，教育需要慢慢地引导，把一个人的内心真正引导出来，帮助他成长成自己的样子。在我们的课堂上，教师要带领学生去体验知识转换的过程，鼓励学生自己去思考、探索。教师的讲解不能代替学习，教师讲得再细、再透，如果没有学生的主动参与，那也是没有用的。教师要积极引导学生，激发学生学习的内在动力，带领他们走进知识的天地。今天的教育有很多弊端，主要原因之一就是我们错误地以为灌输就是教育，忘记了教育离不开学生的主动学习。

（二）教育是一种训练

教育不是神话，它是一种训练。需要特别强调的是，这里的训练不是忽视学生的思考、创新、实践等而一味地追求应试、机械的训练，而是在关注学生自我成长和探索、注重思考和感性的发掘、重视学生的独立性和综合素质的基础之上，重视学生的专业能力和实践动作的精准性，关注学生的技能和实践经验，注重规范和实践的重复。

　　在教学活动中，如果我们以为，讲过了学生就会理解，练过了学生就会掌握，强调过了学生就会牢记，那么就是把教育简单化了。教育是一种训练的过程。就像我们常讲的，学习活动包含听、说、读、写、算、练等环节。我们不能仅仅让学生去听，因为有的听得懂，有的听不懂；我们不能仅仅让学生去说，因为有的会说，有的不会说；我们不能仅仅让学生去读，因为有的会读，有的不会读；我们不能仅仅让学生去写，因为有的会写，有的不会写；我们不能仅仅让学生去算，因为有的会算，有的不会算；我们不能仅仅让学生去练，因为有的会练，有的不会练。我们要让学生经历听、说、读、写、算、练的各个环节，要让他们经历训练的整个系统，这样才能真正让他们明白、让他们学会。

（三）教育是一种规范

　　教育不是宽容，它是一种规范。我们往往把教育简单地理解为爱的教育，理解为宽容、溺爱。这是严重的错误。教育首先是规范。孩子们在刚刚进入校园时，往往是幼稚无知的，往往是贪玩任性的，往往是没有约束、不懂规矩的。如果你继续宽容他们，就是忘了教育的职责，是在害孩子。我们要严肃地告诉他们，到学校来，首先要学会遵守纪律，学会遵守规则，学会自我控制、自我约束。儿童阶段养成的良好行为习惯、行为规范，可以帮助孩子很好地适应学习生活，为他们未来的成长打下扎实的基础。

（四）教育是一种修炼

　　教育不是学习，它是一种修炼。即使我们学习了丰富的知识，掌握了无数的技能，懂得了很多的道理，明白了是非正误，也还是不够的。我们还要学会修炼。我们要用学到的知识去看待社会，用正确的观念来指导自己，更要用自己的思想来修炼自己。要懂得尊重他人，要懂得严于律己、宽以待人，要懂得看淡名利、敬业奉献。我们要逐步锻炼自己的思想，不断提高自己的认识，学会正确地处理问题，学会适当地调节自己。要通过教育，让自己明白自己的职责，让自己约束自己的行为，让自己提炼自己的思想，让自己得到锻炼、实现成长。

二、引导学生明确教育的目的

（一）教育是为了学习知识

教育是为了什么？为了学习知识。人类在历史中积累了丰富深邃的文化，需要我们去学习和掌握。我们要了解古今中外的历史、地理、经济、文化，我们要学习政治、生物、数学、物理、化学、信息科技、语言等知识。所以，接受教育，首先是为了学习知识，让我们脱离愚昧、走向文明。

（二）教育是为了培养技能

教育是为了什么？为了培养技能。我们要学会体育运动，掌握各项运动技能，锻炼自己的体魄；我们要学会手工制作，制作各种模型器具，用于日常的生活；我们要学会吹拉弹唱，掌握各种艺术技能，能够欣赏美妙的世界并展示丰富的情感；我们要学会劳动实践，能够从事各种工作、活动，将来能够养活自己；我们要学会交流沟通，能够表述自己的思想和想法，让别人知道我们的意图和愿望。所有这些技能，都需要我们在教育过程中习得。

（三）教育是为了完善人格

教育是为了什么？为了完善人格。从幼童到青年，这是一个成长的过程。这个过程，既是学习知识、掌握技能的过程，也是我们完善自我人格的过程。我们要学会正确地看待社会现象，能够辨别是非善恶；学会担当和负责，培养自己的责任意识；学会关爱和帮助，去支持和帮助我们的家人、朋友；学会奋斗和追求，提升我们的能力，实现我们的人生价值。

（四）教育是为了适应社会

教育是为了什么？为了适应社会。通过教育，我们知道有关政策法规，学会依法守法；我们了解风俗人情，学会与人交往合作；我们熟悉社会运行的方式，学会适应社会准则；我们理解社会生活方式，学会在社会中自我管理、自我照顾；我们了解各种社会现象，能够规避各种伤害和问题。通过教育，我们可以适应社会、适应生活。

（五）教育是为了修炼自我

教育是为了什么？为了修炼自我。通过教育，我们学会思考，能够对各种问题和现象进行深入分析，理解各种规定和制度，改正自己的行为，适应社会生活。通过教育，我们学会思索，思考我们承担的责任和义务，思考我们追求的目标和价值，思考我们人生的意义和目的。通过教育，我们学会修炼，学会转变，学会提升。

三、教给学生科学的学习方法

（一）掌握规划学习的方法

教育的第一步，是教育学生科学规划学习活动。每个学生都会学习、休闲、娱乐，但是每个人的效果是不同的。要取得最好的效果，关键是要规划好学习活动。早上几点起床，是否进行早读，读多少时间？上课如何听讲，要注意些什么？放学后先干什么？如何安排作业的先后顺序，如何解决疑难问题？朗读背诵多少时间，谁来帮忙检查？周末是否参加辅导学习，参加哪些科目？等等。只有有了科学的规划，才能做到循序渐进、有条不紊。这对学生来说极其重要，是他们走向成功的重要起点。

（二）掌握预习复习的方法

在开始新课之前，要养成预习的习惯。先阅读几遍课文，找找不懂的词语、问题，找找疑惑的关键点。梳理自己的思路，想想课文主要讲述了什么内容、反映了什么道理，为明天的学习做好铺垫、做好准备。在课后，还要养成复习的习惯。翻一下今天的课文，是否理解了主要的内容，主要的知识是如何转换的，关键的要点是什么？看一下所做的笔记，是否写下了主要的思路，是否记下了关键的步骤，是否记下了重点的环节？在周末，可以复习所学内容，看看自己是否都明白了，还有哪些问题是不明白的，需要去向谁请教，等等。学习之前有准备，学习之后有反思，就能提高学习的效率，就能消除学习的障碍。

（三）掌握听讲思考的方法

首先要会听，要听出重点、难点，要听出重要的步骤，要听清老师的思路。要能够参与课堂的活动，能够讲述自己的观点，能够讲清自己的意图。要学会思考，积极参与学习活动，认真思考学习的内容：思考老师的问题，得出自己的答案；思考自己疑惑的内容，提出自己的问题或想法；思考同学的问题，尝试理清同学的思路。通过深入细致的思考，让自己提问更准、理解更深、思考更透。

（四）掌握作业训练的方法

很多学生都忙于应付老师布置的作业：有的只求速度不讲质量，往往错误连连；有的追求正确不讲速度，作业拖到很晚。这些都是错误的，作业训练要讲究方法。一般学生要确保基本任务正确，能够探索拓展任务；优秀学生要聚焦拓展任务，开展深入的研究和思考；困难学生要完成基本任务，基本不参与拓展任务。在完成作业的过程中，也要注意先易后难，以保证完成的速度，同时不影响完成作业时的心情。在作业的探究过程中，要注意运用新学的知识，注意知识之间的相互联系和转换。在作业的订正过程中，要注意典型题目的整理，加强类似题目的归类和转换。做作业的方法对了，作业的正确率就高，作业的针对性、有效性就得到了保证。

（五）掌握交流实践的方法

教师一定要帮助学生学会交流，单纯的知识学习、技能培训是远远不够的。我们要帮助学生，使其能够自由地交流表达。要与同学交流，交流对学习生活的感受，交流学习中的困惑；与老师交流，交流学习过程中的问题，探讨问题的解决办法；与家长交流，交流生活中的迷惑和问题，交流成长中的感受和体验；与他人交流，交流对社会现象的认识和理解，交流人生路途上的得失成败。教师要让学生学会实践。要学会劳动实践，能够打扫自己的教室、校园，能够做简单的家务；要学会社会生活实践，能够到菜场买菜、到超市购物，选择旅游的景点、酒店、饭店等。教育是帮助学生适应社会、照顾自己、学会合作的过程。

四、给学生提供多样的生活实践

（一）提供丰富的体育活动

我们要提供丰富的体育活动，让学生能够尽情地参与其中。除了固定的四节体育课的教学，我们还要做好体育课的设计安排。要根据学生的年龄特点和心理特点，根据学生的兴趣爱好，选择适宜的锻炼项目，吸引学生主动参与锻炼活动；要选配有专业基础的教师，给予学生技术上的指导，引导学生进行足量的训练，帮助他们掌握运动的技术；要组织丰富多彩的学生活动，开展以对子、小组、班级为单位的多形式的竞赛，通过竞赛提升活动的效率，促进学生的课外练习，激发学生的学习热情，推进校园体育锻炼的氛围。要通过体育训练，培养学生勇于实践的精神，培养学生坚持不懈的意志，打造学生顽强不屈的品质，让学生在体育活动中锻炼自己、培养自己。

（二）提供丰富的艺术活动

我们要提供丰富的艺术活动，让学生尽情地参与其中。除了课堂的美术、音乐教学，还要抓好艺术类课程的开发和设计。要根据地区特色，挖掘适合学生的艺术项目；要根据教师的专业特长，开发相关的艺术项目；要整合地区资源的优势，协助推动学校艺术活动的实施；要充分运用政策的优势，借助上级平台的力量，提升学校的艺术教学水平。我们要注重普适性的学习和锻炼，在课程计划的整体建设中予以落实，让更多的学生参与、体验；我们要注重个性、特长的培养和锻炼，通过学生自愿申报，选择部分优秀学生进行深入的教学，提供更多的训练机会，组织各种形式的展示和比赛，促进学生个性的发展。要打造丰富多彩的校园生活，让艺术丰富学生的生活，让学生感受到艺术的魅力和精彩。

（三）提供丰富的科技活动

我们要提供丰富的科技活动，让学生领略科技创新的魅力。在学习了基础知识之后，学生需要参与和体验各种科技活动。航模、空模等制作活动往往是学生最喜欢的，学生可以让模型作品在蓝天上飞翔、在水面上飞驰；机器人编程与设计往往考验学生的知识储备和想象能力，让机器人动起来是孩子们的梦想；计算机程序设计将学生活动与信息技术的发展联系在一起，学生可以通过程序设计，实现各种创意；赛车活动更是能让学生快乐的游戏，他们在疾驰的道路上感受速度的魅力，感受驾驭科技的快乐。科技活动可以让学生走近科学、感受科学、探索科学。

（四）提供丰富的劳动实践

我们要提供丰富的劳动实践，让学生学会动手，学会劳动。维护校园的整洁是每个学生的职责，学生要自己打扫校园。学生要学会自己管理午餐，帮助同学分餐，餐后打扫卫生，在生活中照顾自己。学生要学会各种家务劳动，自己的衣服自己洗，自己的房间自己整理，自己的物品自己收拾，每一个学生都要做自己的主人。要在劳动中锻炼，学会各种劳动技能；

在劳动中磨练，学会自我管理；在劳动中成长，学会掌控自己的人生。

（五）提供丰富的社会实践活动

我们要提供丰富的社会实践活动，让学生走入社会生活。通过结对共建，我们可以和各个部门、各个单位建立合作关系。与大学共建，让学生走进大学校园，走进实验室，感受大学的人文魅力和科学氛围。与银行共建，让学生了解金融知识，熟悉金融业务，逐步培养理财意识。与军队共建，让学生走进军营，接受军事训练，养成良好的行为规范，培养严明的组织纪律。我们可以通过各种渠道，让学生了解社会、学习社会技能，最终适应社会、融入社会，实现自己的健康成长。

五、建立科学完善的评价标准

（一）建立学业质量评价标准

以往单纯的任课教师之间的比较是不尽合理的，单纯的均分、优秀率、及格率的比较也是不全面的，要建立科学的学业质量评价标准。应该把同类型学校的学业质量进行比较，分为不同的等第，比如优秀、良好、合格。要根据不同的学业质量等第，进行考核奖励。要淡化过于讲究分数、过于重视一分半分的比较，要形成科学的等第比较标准，从而让教师有更为宽松的教育环境，更好地关注学生个体发展。

（二）建立健康体质评价标准

现在已经有了相应的健康体质评价标准，但是应该进一步简化和整合，建立科学的健康体质评价标准。要把学生体质健康、体育锻炼、体育技能三者结合起来，通过不同的比例实现整合。"体质健康"反映的是学生的身体素质，"体育锻炼"反映的是学生的活动情况，"体育技能"反映的是学生技能的学习。评价的目的不是单纯地下结论，重要的是促进学生日常的体育锻炼，促进学生的体育技能的学习，这最终是为了促进学生的学习，促进他们的发展和成长。

（三）建立健康心理评价标准

中小学生要心理健康，内心充满阳光。我们要建立科学的心理评价标准。我们要细化具体的评价栏目，比如：同学关系融洽，乐于与人交流；性格开朗，能够积极乐观地看待社会现象；自信勇敢，能够积极参与各项活动，愿意展现自己；自我调适能力强，坦然面对任务和批评，不紧张、不焦虑；顽强不屈，勇于面对各种困难和挑战，不畏惧、不放弃。要用系统的评价标准衡量学生，引导学生健康快乐地成长。

（四）建立个性特长评价标准

我们要树立"每个学生都能成才"的意识，要在教育中推动学生个性、特长的发展。设置各种特长评选标准，比如：运动小达人能够在体育活动中展现自己每分钟跳绳数量、每次颠球的数量，会展示自选的体育项目，如轮滑、篮球、武术、花样跳绳等；艺术小达人能够参加才艺展示活动，会弹琴、演唱、表演、绘画、书法等；制作小达人能够制作各种作品，参加市、区、校级展示活动。要让每个学生都能找到自己的特长，都能锻炼自己的能力，都能提升自己的信心。

（五）建立社会适应评价标准

我们还要推动学生的社会实践活动，建立学生社会适应评价标准。可以从以下角度设置：能否找到自己的合作伙伴，请求他人帮助自己；能否适应学校生活，学习、休息安排有序；能否与老师有效交流，反映自己的想法，寻求老师的帮助；能否自己独立上学，独立乘坐公共交通工具；能否自己管理好学习生活，有条不紊地完成各项学习任务。教育最关键的是帮助学生适应社会、适应生活。

新时代的学校教育，不能简单地宣读政策要求，不能机械地布置工作任务，而是要认真贯彻习近平新时代中国特色社会主义思想，认真领会总书记关于教育的重要论述，正确把握新时代教育发展要求，形成自己的办学思考；要关注学生的发展需求，根据教育规律和学生年龄特点组织教育教学活动，构建具有学校特色的课程体系，为学生打造丰富多彩的校园生活；要建立科学的教育评价标准，开展科学的质量检测与评估，正确全面地反映学生的成长和教师的发展，推动学校教育的不断提升和持续发展，努力创建老百姓家门口的好学校。

第三节　注重目标导向，深入实践新时代学校办学策略

教育部《"十四五"公共服务规划》指出："十四五"期间将全面推进义务教育优质均衡发展，统筹实施义务教育学校建设的相关项目，加快推进学校标准化建设，全面改善学校办学条件。上海市教委原副主任倪闽景对教育提出了他的想法和见解：我们不应该追求让孩子们学得更多，而是要追求让孩子们学得更多样；我们不应该追求让孩子们学得更快，而是要追求让孩子们学得更快乐。

上经贸大附校积极传承上海对外经贸大学"诚信、宽容、博学、务实"的校训精神，认真落实"博学善思，惟精惟一"的办学理念，积极实施"文化＋特长"发展战略，确立"学识广博、品行高雅"的育人目标，明确"以提高教育质量为中心，以打造高效课堂为重点，以学生个性发展为目标"的总体发展思路，积极实施"五自"教育——自主规划、自主学习、自主管理、自主评价、自主调整，重视培养学生五项能力——学会学习、学会运动、学会交流、学会合作、学会创造，努力培养"学识广博、品行高雅"的附校学子，致力于让学生勤学善思、乐学好问，让教师敬业爱生、博学善教，实现学校办学的"精益求精、优质精品"的目的。学校努力开展适合学生发展的教育，努力培养新时代更懂学生的教师、多元发展的学生和更懂教育的家长。

一、培养新时代更懂学生的教师

（一）教师要真正关爱学生

教师关爱学生不能停留在言语上，而是要落实在具体行动中。每天早上要看看学生都上学了吗，要检查谁迟到或者缺席了，要及时询问学生迟到或者缺席的原因。要看看学生的衣着情况，如是否穿得太少或者太多，从而及时指导学生的衣着打扮。要组织学生的午餐活动，分好学生的菜和饭，确保每个学生吃饱，并监督学生就餐情况，教育学生均衡营养、不挑食。要做好学生的晨检、午检工作，了解是否有身体不适的学生，及时联系家长告知有关情况，如果情况严重，要及时拨打 120 送医救治。要了解学生是否按时完成作业，询问没有完成的具体原因，指导学生进行补做，落实学生的教育引导。教师关爱学生，要像关爱自己的孩子一样，让每个学生真切感受到师爱如山、大爱无疆。

（二）教师要更加理解学生

教师要努力做学生成长路上的引路人。教师长期与学生在一起，更加了解学生的身体状况，对学生身体出现的变化，要及时关心和询问。教师更加了解学生的性格、脾气，要选择适当的教育方式进行沟通交流。教师更加了解学生的学习基础和学习态度，要有针对性地提出教育要求。教师更加了解学生的学习困难和学习压力，要及时提供相应的帮助。教师更加了解学生的真实水平和发展潜力，要引导学生合理地制定发展目标，根据学生年龄变化和学业内容合理地调整要求，让每个学生找到自己的发展方向和成功点，不要过于纠结原有的目标和预期的结果。

（三）教师要更有教育智慧

除了必要的学历要求、专项技能要求、综合素养要求，教师还要有自己的教育智慧。要正确研读课程标准和学科教材，科学设计教学方案，科学组织教学流程，加强学生学习指导，为学生提供学习训练机会，落实学生思维培养，及时了解学生的学习反馈，及时开展作业训练，认真落实个别化辅导。教师要准确地把握教学要求，合理组织教学活动，丰富自己的教学手段，优化自己的教学方式。要让学生感兴趣、听得懂、肯思考、会练习、有进步、爱学习。只有有智慧的教师，才能真正实现"教育就是一棵树摇动另一棵树，一朵云推动另一朵云，一个灵魂唤醒另一个灵魂"的伟大使命。

（四）教师要学会与家长合作

教育学生，不是教师一个人的工作，需要学校、家庭、社会共同参与。作为学生的第一任人生导师，家长发挥着不可或缺的作用。学生身体状况怎么样，需要家长关心和了解，发现生病发烧，家长要及时送孩子就医治疗。学生的家庭学习，需要家长监督与指导，孩子是否认真完成作业、学习上是否有困难，都需要家长的反馈。学生在家庭生活中，是否进行体育锻炼活动，是否适当地休息放松，是否花大量时间在网络上，都需要家长监管、调控。学生在家庭中学习时，是否有太多的学习任务，是否有太大的学习压力，是否情绪低落，是否心理焦虑，都需要家长观察，并根据结果进行疏导与干预。落实教育指导，教师一定要学会与家长合作，离开家长的配合，学校教育就会遇到各种困难，也根本无法实现学生行为、思想、心理、健康的全方位教育。

（五）教师要更加务实工作

再先进的教育理念、再丰富的课程体系、再民主的教育管理，都只是客观条件而已，真正教育、影响、转变学生的，是教师日复一日的教育和辅导。教师要有奉献精神，中小学教师往往要早出晚归，每天要在课后服务上花费大量的时间。教师要有职业素养，每天要完成4—5节课堂教学，每天要批改上百本练习本，每天要督促学生订正作业，每天要处理家长提出的种种问题，这些都需要良好的职业素养来支撑。教师要积极寻求专业发展路径，申报各种培训课程，参与各类专业研讨，完成各类反思报告。

教师必须持之以恒地工作，才能跟上时代发展的脚步，才能适应新时代教育的要求，才能成为学生的良师益友。

二、培养新时代多元发展的学生

（一）学生要学会自主规划

学校有培养目标，家庭有教育期待，但是关键是学生要有自主规划。同样的学校培养出了不同的学生，同样的家庭培养出了不一样的子女，究其原因，就是学生的自主规划有差异。希望未来成为怎样的人，希望未来过怎样的生活，希望能够为社会做什么，这些是每个学生都要考虑的。学生要考虑自己的发展目标：学习上达到什么水平，生活上具有什么能力。要考虑自己的作息安排，规划睡觉、起床的时间，安排好学习、做作业的时间，安排好活动、锻炼的任务，安排好阅读、交流的内容。要考虑自己的学习计划，如课后做多少作业、看多少课外书、参与多少团队活动，等等。只有科学地进行自主规划，才能推动自己积极实践、不断努力。

（二）学生要学会自主学习

对课堂上老师讲授的知识，学生要思考怎样提高自己的理解能力。上课要认真听讲，积极思考解决问题的方法，勇于交流自己的想法，积极探索学习的有效路径。要思考如何高质量完成作业，认真阅读作业题目，分析题目条件和要求，积极探索解答问题的思路，仔细书写解题步骤，及时交给老师批改，主动进行错误订正。要积极开展课外学习活动，根据老师推荐的书目进行阅读，阅读不同题材的文学作品，学习不同类型的知识内容。

（三）学生要学会合作交流

学生应该认识到自己是社会的一分子。要学习与同学合作，一起参加集体活动，一起进行合作交流，建立自己的伙伴关系。要学会与老师合作，虚心接受老师的教育和批评，主动反馈自己的困难和问题，积极寻求老师的帮助和指导，努力提升学习的实效。要学会适应社会，遵守法律法规和规章制度，自觉约束自己的行为，积极维护集体的利益，能够找到自己的社会位置，能够和社会不同群体建立合作关系。

（四）学生要学会活动实践

可以两耳不闻窗外事、一心只读圣贤书的时代已经过去了。今天的学生要积极参与各种实践活动。要积极参与体育锻炼，自觉开展体育活动，锻炼自己的体育技能，放松自己的心情，养成体育锻炼的习惯。要积极开展艺术实践活动，开展乐器演奏、歌曲演唱活动，学习音乐知识，练习音乐技巧，丰富课外生活。要积极开展劳动实践，帮助父母做一些力所能及的家务劳动，学会洗涤衣物，学会打扫房间，学会简单的烹饪技术，学会买菜、缴费等，不断培养自己的实践能力，帮助自己更好地适应社会生活。

（五）学生要学会融入社会

今天的学习不能局限于课堂、家庭、校园，应该拓展到社会的各个方面。要充分运用媒体资源，看看新闻节目，了解国内外政治形势和经济发展；要适度看看短视频，了解有关的热点和焦点问题。要积极体验社会生活，去菜市场、超市购物，了解不同商品的销售情况和价格变化。要积极参加各种社区活动，了解社区的最新变化和活动内容。要让自己跟上时代的脚步，跟上社会的潮流，从而更好地融入社会、适应社会。

三、培养新时代更懂教育的家长

（一）家长要主动对接学校

家长往往是没有经过专业培训的，一般是教育的外行，所以要主动与学校对接，获得更多的学习机会。家长要主动联系班主任，了解学校教育的有关要求，了解孩子学习的具体安排，从而积极与学校配合。家长要主动联系学科教师，了解孩子的学习情况，如是否认真听讲、是否遵守纪律、是否能够独立完成练习、是否自觉完成作业订正、是否通过考试检测、学习上是否有困难、家长需要在哪些方面配合、需要加强学生哪些方面的指导等。家长要主动联系学校，告诉老师孩子的学习情况、孩子身体和心理方面的变化、自己的要求和想法，建立有效的家校沟通渠道，形成家校教育合力，共同做好学生的教育指导工作。

（二）家长要更加关心孩子

家长要关心孩子的睡眠情况，努力保障学生睡眠时间。家长要做好孩子的接送工作，确保学生准时到校、按时回家，可以采取步行、乘坐公共交通工具等不同方式接送学生。家长要关心孩子的饮食，要让孩子吃饱早饭，要关心孩子午餐是否吃好。家长要关心孩子不同学科的学习情况、孩子是否适应学科学习、是否能够按时完成作业、练习测试情况怎么样。家长要关心孩子学习生活的各个方面，切实担负起家长的职责，关心、关爱孩子。

（三）家长要更多地理解孩子

家长不要用自己的经历来判断孩子的学习和生活，不要用传统的观念来要求孩子的学习和生活。今天的学生学习任务更重，学科知识内容更广，考核要求与考核难度更高，考核的形式更加多元，所以学生的学习是很辛苦的。今天的学生学习生活非常忙碌，不仅要上好各种课程，还要学习各种技术，更要参与各种社会实践。生活节奏变快，学习要求提高，评价要求更严，以往通过短期努力提升成绩的做法行不通了。基础一般或者薄弱的学生，根本无法通过一段时间的努力来消除差距、实现逆转。今天的孩子，每个人都在向前奔跑，每个人都处在向美好未来前进的道路上。家长要理解不同年龄阶段的孩子心理会发生变化，从小时候的听话顺从，到慢慢出现怀疑、反驳，到提出成熟的自我主张和自我要求，这是孩子成长的必经之路。逐渐苏醒的自主意识、青春年华的朦胧感情、迷茫失落的成长困惑，都是成长路上的正常现象，家长要更多地理解和关心孩子，要更多地指导和帮助孩子。

（四）家长要多方帮助孩子

　　家长不能过度宠爱或放任自流，要从孩子成长的角度来帮助他们。要帮助他们养成良好的生活习惯，合理安排作息时间，自主管理个人物品，自觉安排个人饮食起居，自主独立地安排生活。要帮助他们养成良好的学习习惯，自主制订学习目标和学习计划，认真参与学习活动，积极开展学习思考，尝试解答学习问题，自主完成作业订正和整理，学会科学安排复习活动。要帮助他们努力提升自我素养，养成自主阅读习惯，从书本中学习知识、提升感悟、拓展视野、培养素养。要帮助他们积极开展体育锻炼，学习体育运动技术，养成体育锻炼习惯，培养体育运动能力，积极追求健康幸福的生活。

（五）家长要关注孩子的健康

　　首先要从日常生活上关心孩子，提供健康的一日三餐，指导孩子养成不挑食、不偏食的饮食习惯，教育孩子荤素搭配、营养均衡。要关心孩子的社会交往，指导他们在学校找到自己的朋友，学会与老师沟通交流，帮助他们理解各种社会现象，正确找到自己的位置，积极在社会中担负自己的责任。要关心孩子的学习负担，了解他们是否找到自己的努力方向，是否制定了适合自己基础的发展目标，是否能够从容地完成学习任务，是否能够承受学习的压力和挑战。要关心孩子的情绪状态，了解他们是否每天快乐地生活，是否从容地应对各种压力，是否能够做好自我情绪调控，是否找到心理宣泄的途径，是否愿意分享心里的想法和困惑。家长要从各个方面关心孩子，努力提供各种帮助，促进孩子的健康成长。

　　在新时代，家长要真正担负起自己的责任，做好孩子人生的第一任导师，了解孩子的学习和生活情况，了解孩子面临的困难和问题，允许孩子做出自己的选择；家长要做孩子的依靠，给予全方位的帮助；家长要关注孩子的健康，更加关心其成长的过程，而不是纠结于成长的结果。教师要真正关爱学生，了解学生的喜怒哀乐，理解不同学生的差异，允许学生有自己的选择；教师要不断提升自己的教育智慧，懂得如何启发学生，懂得如何科学训练，懂得怎么更好地辅导和帮助学生；教师要学会相互合作，与家长建立教育联盟，共同推动学生的教育；教师要更加务实地工作，要认真备课、上课、做好作业、辅导工作。学生要学会自主规划，自主设计学习的计划和目标；要学会自主学习，勤学善思、好学乐问；要学会合作交流，懂得与人为善、助人为乐、成人之美；要学会参加活动实践，培养参与活动的能力；要学会融入社会，正确理解社会规章制度，学法、懂法、守法，勇于承担自己的责任和义务，乐于为家乡建设、社会发展做出自己的贡献和努力，真正成为社会主义的接班人和建设者。

第四节　增强品牌意识，精心打造新时代学校办学特色

《上海市新优质学校集群发展三年行动计划（2015—2017年）》明确提出工作目标：构建与上海市国际化大都市相适应的"新优质教育"基本框架与实践范例，使上海义务教育阶段学校发展更为均衡、办学水平更加优质、发展活力更加充分，人民群众对义务教育的满意度不断提高。新优质教育主要是指：在育人观念上，回归教育本原，关注每一个学生的差异发展；在课程建设上，根据学生发展需求建立丰富、可选择的课程体系；在课堂教学上，满足每一个学生的学习需求，特别关注有困难学生的成长；在质量评价上，突破单一的分数指标，实施以学业质量绿色指标为基础的教育质量综合评价。

学校坚持以习近平新时代中国特色社会主义思想为指导，深入贯彻党的二十大精神，全面贯彻党的教育方针，落实立德树人根本任务，发展素质教育，遵循教育规律，切实提高学校育人水平，为学生适应社会生活、

进一步学习发展打好基础，努力培养德智体美劳全面发展的社会主义建设者和接班人。努力完善学校德智体美劳全面培养体系，健全立德树人培养机制，积极参与新课程、新教材的全面实施，积极参与适应学生、全面而有个性的发展的教育教学改革，努力建立科学的教育评价和考试招生制度，积极推进学校育人方式变革。

一、博雅教育理念引领新优质学校

（一）博雅教育理念打造办学品牌

学校积极传承和发扬上海对外经贸大学"博学、务实、开拓、创新"的校训和"以学生为本、以学术为魂"的办学理念，结合基础教育的特点和学生发展的规律，提出"博学善思，惟精惟一"的办学理念，努力实践"勇于进取、乐于合作"的校训精神，积极弘扬"求真务实、开拓创新"的校风、"敬业爱生、博学善教"的教风和"勤学善思、乐学好问"的学风。学校致力于培养勤学善思、乐学好问的学生，培养敬业爱生、博学善教的教师，实现学校办学的"精益求精、优质精品"的目标。

学校认真落实"五育并举、全面发展"的教育要求，关注学生的学习需求，深入开展博雅教育，推进"三学三雅"行动：勤学国家课程，博学校本课程，乐学实践课程；通过行为规范、安全教育培养学生雅行，通过仪式教育、节庆教育培养学生雅志，通过成长系列教育培养学生雅心。学校聚焦学习兴趣、学习习惯、学习方法、学习体验、学习能力五个维度，关注诚实守信、爱国情怀、理想信念、责任担当、意志品质五项品行，培养学会学习、学会运动、学会交流、学会合作、学会创造五项能力，努力提升学生六大核心素养。

（二）"五自"教育行动促进学生发展

学校确定了培养"学识广博、品行高雅"的博雅学子的工作目标，深入分析学生的行为表现、道德素养、学习习惯、心理健康、情绪控制等因素，发现了一些学生在发展上存在的问题和不足：缺乏自我发展目标；家庭教育条件差；学习被动消极；缺乏对自我的管理和要求；对自己没有清晰的认识；高年级少数学生存在比较突出的心理问题和情绪控制障碍。基于学生的现实情况，我们提出了"五自"教育要求：要求学生学会自主规划、自主学习、自主管理、自主评价、自主调整，激励学生用远大的规划指引成长方向，用自觉的学习行为解决学习困难，用自主管理合理安排学习与生活，用自主评价科学评价自己，用自主调整化解心理矛盾、解决身心发展问题。

学校在博雅学子的培养中，确定了学生"六自"发展目标，即生活自理、行为自律、安全自护、学习自主、文明自觉、理想自信，制定了一系列学生发展目标自主评价表。"生活自理"关注学生的个人卫生、日常生活、健康饮食、物品整理、参与劳动、集体生活等；"行为自律"倡导学生尊敬父母、关爱同学、诚实守信、衣着整洁、爱护公物、自我保护、珍爱生命、遵纪守法等；"安全自护"引导学生有序行走、安全防护、安全饮水、遵守交通法规、注意用电安全、注意网络安全等；"学习自主"关注学生的上课听讲、学习讨论、习惯养成、作业完成、积极思考、预习复习、课外阅读等；"文明自觉"要求学生热爱祖国、关心集体、乐于助人、尊师守纪、讲究卫生、热爱劳动、保护环境、努力学习等；"理想自信"要求学生敢于表达自己、懂得尊重他人、乐于接纳自己、善于自我鼓励、乐于接受学习、保持乐观自信、学会自尊自强。通过不同年级学生的自主评价，让学生准确客观地评价自己的发展状况，推动学生的自主发展和健康成长。

（三）博雅课程成就教育品牌

1. 构建博雅"五美"课程体系

学校深入推进课程建设，经过反复实践和讨论，逐步形成博雅"五美"课程体系：品美－人文社会课程、创美－科学技术课程、健美－体育健康课程、尚美－艺术审美课程、育美－生活实践课程。按照义务教育阶段国家课程方案要求，认真落实国家课程的实施，努力形成校本化的实施路径和方法。积极开发校本课程，形成体现"五美"课程特色的校本课程系列：

艺术审美类——国画、扎染、博雅书社、泥塑、琵琶、柳琴、中阮、二胡、扬琴、舞蹈、大提琴、手风琴;科学技术类——Matalab 机器人、光环板、Arduino 智能电路、物联网编程、Python 创意编程、3D 打印等;体育健康类——棒球、排球、篮球、乒乓球、射箭、花样跳绳、啦啦操、田径、国际象棋、围棋;人文社科类——中外戏剧、文学探索、法语、日语;生活实践类——服装设计、我们的城市、我们的世界、金融社等。形成学校课程建设工作方案,深入推进学校课程实施。

2. 落实国家课程校本化实施

学校认真落实"双新"(新课程、新标准)课程要求,积极推进国家课程校本化实施。聚焦高效课堂建设,深入探索课堂教学,逐步形成"135 课堂教学模式",即聚焦教学目标一条主线,形成"精讲少讲、主动学习、当堂检测"的三大课堂教学活动,设置"课堂导入、新知探索、练习感悟、运用实践、检测反馈"五个教学环节。明确教师教学要求,抓住教学重点、难点、疑点,提升教学的精确性、针对性;突出学生的主体地位,为学生提供充分的学习机会,促进学生的体验、思考和感悟。关注课堂教学的效果,及时获取反馈信息,掌握学生学习情况,发现学生的学习困难和学习需求,明确后续的改进措施和方法。明确高效课堂建设要求:课堂导入要新,能够激发学生的兴趣;新知探索要实,给予学生充分的时间和活动;练习感悟要精,围绕教学的重点内容;运用实践要活,锻炼学生的运用能力;检测反馈要勤,及时掌握学习反馈,努力实现"堂堂清、日日清"。

3. 推进校本课程特色化建设

学校关注学生的个性发展需求,充分利用课余、假期时间,组织开展专项培训活动,形成艺术审美、体育健身、科技创新三大活动系列,涵盖手风琴、打击乐、民乐、画说茸城、书法、沥粉画、棒球、排球、射箭、智能机器人、计算机编程、3D 打印等项目。依托大学、地区、系统的优势,落实专项资金、专业人才、专项扶持的保障。充分利用课后服务时间,分批分类推进专项学习培训活动;利用周日学校少年宫活动时间,开展特色社团专项培训,扎实推进有特长学生的个性化发展。通过课余训练、市区比赛、大学展演等活动,加速专项特色的发展。学校成功地被评为全国棒垒球实验学校、上海市射艺基地学校、上海市书法实验学校、上海市手风琴联盟学校、上海市民乐联盟学校。

二、大学附校优势带动新优质学校

（一）资源优势孵化四支队伍

上海对外经贸大学成立了由陈洁副校长、宋彩萍所长等专家领衔的专家指导团队。专家指导团队制订详细的工作计划，推进附校发展。定期委派专家到校指导，开展专题讲座。刘永辉、王勇等专家先后到校，激发了教师专业发展的内驱力，提升了教师的教育站位，开阔了教师的教育视野，促进了教师的专业发展。大学高度重视附校的建设，委派附校管理团队，建立附校发展中心，负责大学资源、课程、专家、学生、项目等对接工作，推进附校与大学的各个院系建立合作关系、获得专业支持，确保附校的学生能够到大学各个院系参与实践活动、接受专业指导。大学学生处、团委积极参与附校的建设发展工作，发挥大学优秀学生的资源优势，每学期委派 40 多名研究生和本科生到附校开展志愿工作。通过探索实践，逐步组建春风育苗、经贸课堂、中外文化、新闻采编、新闻云课堂、云端家教等学生社团，丰富附校学生的学习资源，提升附校学生的社团品质。大学规划处处长牵头，积极探索大中小学思政一体化教育工作，组织大学教授到附校调研思政教育工作开展情况，了解思政教育工作存在的不足，提供系统的思政教育工作指南，加强思政教师的专业指导，形成了思政教育一体化建设团队，有效地促进了学校立德树人工作的落实，充分发挥了思政课的思想教育功能。

（二）课程优势带动特色建设

学校充分挖掘上海对外经贸大学深厚的经贸课程、中外文化资源，加强经贸、文化知识的教育。积极创建经贸文化长廊，引导学生从当铺、银行、证券交易所、期货交易所、沪伦通金融机构等，了解上海经贸发展的历史进程。学校获得区级专项资金的支持，主动建设经贸创新实验室，添置创新实验室教学设施设备，采购经贸教育系列课程，为孩子们学习经贸知识、参与经贸实践、探索经贸活动打下牢固的基础。学校依托上海对外经贸大学经贸学院、法学院、金融学院等众多院系的专家，针对中小学学生教育需要，组织编写了系列经贸教学资料，形成了"生活中的金融""生活中的投资""生活中的法律""生活中的管理"四大经贸课程，为学生学习经贸文化提供了丰富的课程资源，为建设经贸特色学校奠定了扎实的基础。针对中小学的实际情况和学校课程建设需要，学校与大学专家团队经过商量研讨，组织开发经贸探究课程，形成了收入与开支、家庭金融参与情况、外出旅行调查、家庭聚餐费用调查、超市购物调查、汽车保养费用调查、婴儿月度费用支出调查、学生月度费用支出调查、学校月度支出调查、学生每学期生活费用支出调查、学校食堂每月支出调查等16个调查研究主题，编写相关的学习资料，形成系统的学习资源。

（三）活动优势带动学生发展

学校充分发挥上海对外经贸大学丰富的教育资源、实践资源的优势，形成了系列化的实践活动课程。带领学生走进大学校史馆，了解大学历史变革，了解中国经贸发展历史，让学生了解中国加入世贸组织的历程、自贸试验区的建立、"一带一路"倡议的实践等知识。让学生走进大学的学院大楼、实验室，真切地了解大学丰富的资源，了解大学完善的课程体系，激发他们学习经贸知识、服务社会发展的信心。组织教育教学活动，让学生走进国际商务实验中心、国家级虚拟仿真实验教学中心，走进金融模拟实验室，参与金融模拟项目，尝试证券投资，模拟商业银行业务，模拟国际结算、外汇业务等。这些课程开拓了学生的视野，为学生的成长播下了启蒙的种子。让学生进入模拟法庭、实验室，实地观摩经济纠纷案例的审判等，了解法院审判工作的流程、国际商事仲裁流程，开拓了学生的学习视野和专业领域。组织学生观摩学习文创基地建设，走进141咖啡厅，参观大学生创业团队的商业咖啡厅的经营模式，让学生获得真切的实践感受。

学生主动对接未来社会，进行"大学畅想"，参观大学设计开发的众创空间，了解创新工作和生活方式，走近青年创客，了解创业历程。参与社会考察，走进上海自贸试验区，了解自贸试验区建设政策等方面的内容，了解上海发展速度，了解国家深化改革的具体举措。走进长三角G60科创走廊，了解科创走廊在总体研发、高端制造、服务集成、商业商务及现代物流等方面的功能布局，了解由松江制造向松江创造转变的过程。

三、专业团队发展成就新优质学校

（一）创新教师专业发展工作机制

学校在教师的专业培养上，充分发挥各个条线的作用，建立教师专业发展的四大工作机制：师训处牵头负责的专业发展培训机制，针对新教师、青年教师、骨干教师、一般教师开展工作；教导处牵头负责的课程教学实践机制，主要聚焦国家课程的校本化实施和基于学生发展的校本课程实践；政教处牵头负责的教师德育能力培训机制，主要聚焦班主任班集体建设和学生思想道德教育；校务办牵头负责的专业发展评聘机制，主要聚焦教师招聘、职称评审和岗位聘任工作。四大工作机制促进教师专业的全面发展，推动学校教师队伍的专业化成长。

（二）借助教师专业发展指导力量

在推进教师专业发展的过程中，一定要借助教师专业发展指导力量。如果一味地局限在学校内部进行校本研修，专业研讨活动往往只是简单的重复与同质交流，不会发生根本性的变化，专业发展速度过于缓慢。学校用好区级学科研训员的专业引领资源，给学科组长提要求、下任务、定指标，要求各学科组长主动对接研训员，每学期邀请相关学科的研训员来校指导一次，每学年申报教学研讨课一节，每个学科组上交教学研究文章一篇，鼓励教师主动向研训员请教，主动交流与沟通。学校用好市级重大项目专业指导力量，主动申报城乡携手共进计划——上海市第二轮精准委托管理项目，发挥托管委员会的三支团队力量，即管理团队、常驻团队、专家指导团队，推动学校教育教学工作的分析与研讨，推动学校各部门落实工作计划，推动学校各学科组落实校本研修工作。学校用好集团学科共同体专业研讨力量，主动发布共同体活动信息，邀请成员校学科组教师参与研讨活动，努力实现教育智慧分享，共同研讨课程教学中的核心问题和难点问题，主动采取改进课堂教学的有效举措，不断优化教与学的活动，促进学生参与教学活动，使学生得到更加深入的学习、感悟、实践与体验。

（三）实施项目驱动推动专业发展

在教师专业发展的过程中，不能简单地采用听讲座、听点评、听经验的方法，而是要提供真真切切的平台，开展实实在在的活动。学校积极实施项目驱动，推动教师的专业发展。学校参与了精准委托管理市级项目，获得了项目经费支持、教育政策支持、专家资源支持；学校主动申报数字化教学区级实验校项目，组建工作组，积极参与数字化教学的实践与探索；学校积极申报区级研究课题，聚焦国家课程校本化实施的难点问题，深入开展"研－学－评"作业一体化实践研究，围绕"作业是学生的自主学习过程"这一本质理念，依据学校实际情况，构建"研－学－评"一体化作业实施路径，将作业的研、学、评三个环节组合成一个有机的整体，形成校本化的作业管理机制，落实作业的育人功能，提升教育教学质量，促进学生关键品格和必备能力的形成，为"双减"破局。学校积极开展特色校本课程建设项目，立足区域资源优势，发挥教师的专业特长，积极开展校本课程建设，形成了系列校本课程，如射箭、棒球、武术、手风琴、民乐、智能机器人、计算机编程、织艺等。教师自主申报专项经费，选择和采购相应的器材设施，自主招收学生；学校为教师创建各种校本课程活动平台。

（四）发挥教师专业发展辐射作用

在教师专业发展的过程中，学校不仅要推进教师的培训、指导与实践，还要发挥教师的作用，积极发挥专业发展辐射引领作用，进一步促进教师的专业成长。

　　学校发挥了流动教师的专业辐射作用,教师代表受组织选拔,开展了为期三年的援藏行动,发挥骨干教师的专业引领作用,组织开展定日县教师专业培训活动、沪藏学校教育交流活动等。教师代表主动报名援滇行动,到困难的宁蒗彝族自治县宁蒗中学任教,开展教学展示、校本研修等活动。学校积极开展培训指导队伍的交流活动,为云南、西藏等地的教师举行培训活动,讲授学校教育教学故事,进行课堂教学展示,开展信息技术培训,为骨干教师搭建展示交流的平台,加速骨干教师的专业发展,逐步提升学校教师的专业影响力。学校积极发挥名师领衔的基地的培训作用。作为松江区教师专业发展学校兼见习教师规范化培训基地,学校每年承担 30 多名见习教师的培训任务,近 20 名骨干教师担任指导教师,着重开展课堂教学、班级管理、校本研修、学生教育等方面的指导带教工作,得到一批又一批见习教师的肯定和好评。

四、教育评估实践促进新优质学校发展

(一)完善德育实践评价

　　学校认真落实为党育人、为国育才的教育使命,坚持立德树人,积极践行社会主义核心价值观,加强学生理想信念、爱国情怀、诚实守信、责任担当、意志品质的培养,注重学生"学会学习、学会运动、学会交流、学会合作、学会创造"五项能力的培养,努力培养"学识广博、品行高雅"的博雅学子,为学子成为社会主义建设者和接班人做准备。推进过程性评价,根据学生学习活动和综合实践,开展博雅学子系列评选,形成诚实守信、孝亲尊师、助人为乐、知书明理、阳光活力、行游天下、探索实践、科技创新、学有所长、自强自立十大系列。

(二)规范学业质量评价

　　学校认真落实绿色质量指标测试,切实规范学业质量评价。学科教师组织开展课堂检测,了解每堂课学生的学习情况,发现学生学习的问题,科学评价学生的学习状态。学科组组织开展单元练习检查,掌握学生单元知识学习情况,发现学生单元学习中的困难和不足。教导处按照市教委的规定组织开展学业质量检测,严格落实检测数量、检测标准、检测要求,教师认真做好测试阅卷与质量分析工作,科学分析学生学习情况。借助绿色质量指标,正确了解学生的学习负担、睡眠情况、师生关系等,从而更加科学地分析学业质量情况,切实改进和优化教育教学工作。

(三)突出教育实绩评价

加强教育教学工作管理和评价,定期开展备课、作业等检查工作,发放考核专项经费,鼓励优秀教师带动落后教师进步。定期组织主题教育实践活动,根据工作负荷和加班情况考核评价,及时发放专项工作的奖励。加强教育教学常规工作的考核评价,年级组长、教研组长进行工作量、课后服务、专项培训等工作的统计计算,教导处负责审核,下放管理权限,简化管理流程,公开考核流程,凝聚教职工的工作热情。完善学校绩效考核方案,根据情况变化和政策要求,及时调整相关考核项目,落实工作量、教学实绩、专业发展、出勤情况、疾病防控、教育科研等专项考核,推动教师不断提升教育教学能力,积极投入教育综合改革实践。为重大项目考核评价工作召开组室负责人会议,介绍考核的政策和具体数据,落实组室的宣传解释工作,消除教师的疑虑和担心,充分发挥考核评价的正向激励作用。

(四)加强教育管理评价

借助城乡携手共进计划,开展管理团队专项培训,学习管理理论知识,研讨教育管理案例,分析学校教育管理工作,查找教育管理问题,总结教育管理经验,提升教育管理能力。聘请专家对教育管理进行评价:从制度建设、团队建设、教育工作、教学工作、专业发展、学生培养、家校互动等方面进行全面评价,正确评价学校教育管理工作。组织开展学生、家长、教师问卷活动,获取客观的评价信息,掌握学生、家长、教师的意见和建议，发现教育管理中存在的问题和不足，落实具体的改进措施，推进学校的教育管理工作。

（五）构建系统评估体系

积极探索教育教学科学评价体系，避免对教师发展的简单评价，突出教师培养的科学指导。发挥教师主动性，组织教师自主开展课堂教学评价工作，制定学生学情评价、课堂教学评价、教师专业发展自主评价、教师专业自我反思评价、新课标理念下教师课堂行为评价等评价内容，推动教师自主开展评价，科学分析教学行为，努力改进教学方式，切实提高教学效率。发挥学生的主体作用，引导学生使用学生课堂学习评价表、学生日常行为表现评价表、学生综合素质评价表开展自主评价：学生评价自己的课堂学习表现，发现课堂学习中的问题，找到改进的方向；学生评价自己的日常行为，发现自己行为上的不足，明确改进的任务；学生评价自己的综合素质培养情况，正确认识自己的优势，增强自信心，科学分析自己的劣势，为后续的发展提供方向。发挥家长作用，组织家长开展教育教学满意度测评，了解家长对学校管理、家校沟通、班集体建设、学科教学的具体评价，正确把握教育教学方面的成绩，同时疏通家长反馈意见和建议的渠道，为后续的教育教学安排提供有效的数据支撑。

我们发挥学校教育主阵地的作用，联合家庭、社区的力量，努力形成三位一体的全面发展的培养体系；深入推进新课程、新教材的实施，探索国家课程校本化实践智慧，积极开展特色校本课程的建设，努力实现指向学生素养的课程教学；关注课堂教学的有效性，科学设计教学方案，不断改进教学方法，积极探索基于情境、问题导向的互动式、启发式、探究式、体验式的课堂教学，切实培养学生的关键能力和必备品格；落实学生发展指导，深入推进"五自"教育，努力实现"六自"发展目标，积极培养有理想、有本领、有担当的时代新人。

第二章 校园文化建设：以美育人，以文化人

第一节 以外在条件与环境建设为基础，构建校园物质文化

一、明确校园文化建设要求

《教育部关于大力加强中小学校园文化建设的通知》（2006年4月）明确提出校园文化建设要突出抓三个方面的工作：一是全面开展校风、教风、学风建设，二是组织开展形式多样的校园文化活动，三是重视校园绿化、美化和人文环境建设。

学校落实教育部门的政策要求，重视校园文化建设，深入推进校园三风建设，用积极向上的校风影响和带动师生，用敬业爱岗的教风教育和引导学生的学习，用勤奋自觉的学风打造学生团队。学校要开展丰富多彩的校园活动，通过活动培养和转变学生，促进学生的成长和发展。学校要加强校园文化建设，努力建设绿色校园，积极开展校园文化宣传布置，让每一堵墙面、每一块地面、每一张桌面、每一个楼面都展现校园文化，努力实现校园的绿化、美化和净化。

二、了解校园文化建设具体内容

校园文化建设分为四个层次，即物质文化，行为文化、制度文化和精神文化。

校园物质文化是校园文化的外在标志与物质基础，是一种外显型文化。主要包括自然景观、人文景观、校园建筑、教育教学设施，以及以报刊书籍等为主体的文献资料。

校园行为文化主要体现为行为表现，有教职员工的行为文化、学生的行为文化两类。包含学生的言谈举止、礼仪礼貌、在学习过程中表现出来的行为和活动的过程，教师的教态、仪表风度、举止行为、在工作过程中表现出来的态度。

校园制度文化是指在具体的行为中反映出来的价值观念和行为方式，主要指校园的各项规章制度。包括组织管理制度、人事管理制度、教学管理制度、规范学生行为的日常管理制度。

校园精神文化是学校的理想追求、价值观念、培养目标、道德情感和行为准则在师生身上的具体体现。主要包括学校的办学思想、办学精神、学校传统、校风校训、科学精神和人文精神。

三、以外在条件与环境建设为基础，构建校园物质文化

（一）分析学校外在条件与校园环境

学校作为上海对外经贸大学的附属实验学校，具有得天独厚的文化优势，可以全面传承大学的文化基因，努力展现学校的英语特色与经贸特色，重点凸显大学的特色文化，从而深深地影响每个师生。学校位于松江新城的核心区

域，具有明显的区域地理优势，可以主动对接历史仓城、科技影城、枢纽新城三大特色，与松江新城的发展同频共振，努力打造老百姓家门口的好学校。

学校位于乐都西路延伸段，靠近辰塔路城市快速道，师生需要早晚穿越辰塔路，有明显的交通隐患。周边交通环境比较复杂，学校只有北面一个正门，近2 000名师生都需要从正门出入，上学放学的交通压力突出。学校按照高中学校的标准设计，具有完备的报告厅、室内体育馆、专用教室综合楼，有利于组织开展各种活动。

（二）设计规划校园自然景观

在校园自然景观的设计上，学校充分借助专业公司的力量，深入察看学校的场地情况，结合学校的办学特点，在交警支队和建设部门的支持下，将靠近校门北侧的50个停车位改建为学生家长的接送区域，分别作为机动车与非机动车接送的等候区。学校提供了有利的地理环境，为保障学生安全提供了必要的条件。

在校门口的两侧，根据学生放学的需要，分别建设了家长等候区、学生避雨棚，创造了人性化的服务条件。在校园的内广场上，围绕四个主题绿化区域，分别设计了主题宣传屏、文化宣传栏、附校标志区、"三风"展示区，让学校的文化元素充分展现出来。在内侧的区域，根据附校的经贸特色，添置了钱币形状的玻璃房，张贴校本课程宣传标识，丰富校园的景观内容。根据专业公司的建议，分别建设梧桐大道、果树种植园、樱花小道、学生综合活动区、花园广场、英语角等，让校园各个角落、方向展现出不同的风格和特点，成为学生们休憩的快乐园地。

（三）规划校园人文景观

学校拥有5幢相连的建筑，借鉴大学的文化特点进行命名，形成博闻楼、博识楼、博雅楼、博萃楼、行知楼五大系列建筑。学校中间的内广场里，设置主题雕塑，以激发和鼓励广大师生。内部道路连接畅通，按照主干道进行命名，体现上海对外经贸大学的文化因素。在中小学教学楼的楼梯通道上，分别设置社会主义核心价值观宣传栏并张贴中小学生行为守则，强化社会主义核心价值观的宣传和学习，强化学生行为规范的教育和要求。

（四）规划校园建筑整体

根据 1 号楼行政楼的特点，突出服务师生的宗旨，1、3、4 楼楼道设置宣传长廊，展现上海对外经贸大学的文化内涵，重点展现上海经贸发展的历史，详细介绍货币发展的历史，在展示厅展示世界不同国家的货币，让学生更好地了解世界各国，增强交往合作的意识。3、4 楼重点宣传学校的办学理念，分板块展示集团建设、课程建设、专业发展、学生培养、家校共育等工作，完整展现学校的教育教学工作。

2、3 号楼分别是中小学的教学楼。根据不同年段学生的特点，小学部主要采用绿色主调，挑选绿色的课桌椅，配以绿色的门、书包柜等；中学部采用蓝色主调，挑选蓝色的课桌椅，配以蓝色的门、书包柜等。中小学部分别呈现明显的特色，便于学生识别和认同。

4 号楼作为综合实践楼，分别按照科学实践、劳动实践、科创学习、美育训练的主题进行布置，突出各个楼层的主题内容。科学实践楼层主要聚焦物理、化学、生物的实验活动，提供完备的实验器材和实验物品，实现学生人人动手、个个拿手的培养目标。劳动实践楼层主要聚焦学生的劳技实践、书法实践、综合实践，提供配套的训练材料，满足学生的练习需求。美育训练楼层主要聚焦学生的音乐与美术训练，包括手风琴、民乐、炫彩画、泥塑、儿童画等，给学生提供个性化的训练机会，促进学生美育能力的培养和发展。

（五）规划教育教学设施

鉴于学校具有大学办学特色，学校团队深入分析办学基础和办学资源，反复研讨学校特色建设工作，逐步形成了艺体文化、英语文化、经贸文化三大特色，积极规划学校的教育教学设施。

针对射箭的特色课程建设需要，改造学校专业的射箭场，购置射箭专用器材，添置防护设施，形成上海地区一流的标准化射箭场。

针对英语文化建设需要，重点推进外语图书角建设，根据不同年级学生特点广泛采购英语分级读物，引导学生开展系统的阅读学习活动；同时借助大学商务英语学院的专业优势，组织编写中外文化读本，介绍"一带一路"上的国家和城市，让学生了解不同国家的风土人情、历史文化，形成学习英语、应用英语的有效路径。

针对经贸文化的建设需求，积极开展经贸文化展示区的建设，引导学生了解上海经贸发展的历史，全面掌握上海的过去、今天的发展，为未来参与上海城市建设和发展奠定扎实的基础。同时发动数学教师，挖掘数学学科中的金融知识，组织学生开展项目化学习和探究活动，了解人民币的故事，学会规划零花钱的使用，探索农作物的价格变化和农作物生产的发展趋势等，让学生更多地了解生活、体验生活、走进社会。

第二节　以师生行为规范教育为抓手，打造校园行为文化

校园行为文化，是在教育系统中长期形成的并通过学校主体的活动而展示出来的文化形态的总和，是师生员工、管理人员在学校教学、管理、科研、学习、生活和文体活动中表现出的精神状态、行为操守和文化品位，是校风、教风、学风的核心，也是学校精神、价值观和办学理念的动态表达。校园行为文化主要包括教职员工、学生在交往中的言谈举止，教职员工、学生的礼仪、礼貌，以及在教和学的过程中表现出来的行为和活动的过程，教师的教态（仪表风度、举止行为等），教职员工、学生在工作中、教和学的过程中表现出来的态度，等等。

一、加强学生行为规范教育

学校要加强学生行为规范教育，根据中小学生行为守则，主要落实 9

个方面的教育：（1）爱党爱国爱人民。了解党史国情，珍视国家荣誉，热爱祖国，热爱人民，热爱中国共产党。（2）好学多问肯钻研。上课专心听讲，积极发表见解，乐于科学探索，养成阅读习惯。（3）勤劳笃行乐奉献。自己的事自己做，主动分担家务，参与劳动实践，热心志愿服务。（4）明礼守法讲美德。遵守国法校纪，自觉礼让排队，保持公共卫生，爱护公共财物。（5）孝亲尊师善待人。孝父母敬师长，爱集体助同学，虚心接受批评，学会合作共处。（6）诚实守信有担当。保持言行一致，不说谎不作弊，借东西及时还，做到知错就改。（7）自强自律健身心。坚持锻炼身体，乐观开朗向上，不吸烟不喝酒，文明绿色上网。（8）珍爱生命保安全。红灯停绿灯行，防溺水不玩火，会自护懂求救，坚决远离毒品。（9）勤俭节约护家园。不比吃喝穿戴，爱惜花草树木，节粮节水节电，低碳环保生活。在行为规范教育上，学校要根据不同年级学生的年龄特点和身心发展规律，分年级推进落实：小学低年级要重视学生的生命教育、安全教育和健康教育；中年级要重视学生的学习习惯、自主管理、劳动实践等教育；高年级要重视学生的家国情怀、责任担当、意志品质等教育。要建立系统的行为规范教育体系，从而促进学生的健康成长和全面发展。

二、加强学生文明礼仪教育

《中小学文明礼仪教育指导纲要》的要求是：让学生懂得文明礼仪是当代公民必备的基本素质，是做人的基本要求。要让学生了解文明礼仪的基本内容，懂得文明礼仪是个人文化、艺术、道德、思想等的表现形式，是人们完善自我、与人交往时的行为规范与准则。让学生掌握基本的谈吐、举止、服饰等个人礼仪，以及在家庭、校园、公共场所等社会生活领域的交往礼仪，养成文明礼貌的行为习惯，做优雅大方、豁达乐观、明礼诚信的合格公民。根据学生年龄特点和认知水平确定文明礼仪教育的内容体系，体现科学性、系统性、层次性和实践性。

三、加强学生学习行为教育

加强学生学习行为的教育，落实基本学习习惯的培养要求：学会倾听，敢于提问，认真书写，独立、认真完成作业，善于思考，自主学习。落实学生拓展性学习习惯的培养要求：与人合作，搜集材料，动手操作。落实学生个性化学习习惯的培养要求：养成通过梳理知识关系、建立结构图来记忆知识的习惯。学习习惯的培养是一个循序渐进的过程，要从基础性习惯开始，引导学生逐步养成良好的学习习惯，从而规范自己的学习行为，不断提升学习的实效。学习习惯的培养需要指导理论与实践相结合，教师要告知学生具体的习惯要求，然后在学习活动中引导学生开展实践，通过逐步的培养帮助学生养成习惯、自觉行动。

四、加强教师教育行为教育

学校要引导教师认真落实教育部《新时代中小学教师职业行为十项准则》的要求：（1）坚定政治方向。坚持以习近平新时代中国特色社会主义思想为指导，拥护中国共产党的领导，贯彻党的教育方针；不得在教育教学活动中及其他场合有损害党中央权威、违背党的路线方针政策的言行。（2）自觉爱国守法。忠于祖国，忠于人民，恪守宪法原则，遵守法律法规，依法履行教师职责；不得损害国家利益、社会公共利益，或违背社会公序良俗。（3）传播优秀文化。带头践行社会主义核心价值观，弘扬真善美，传递正能量；不得通过课堂、论坛、讲座、信息网络及其他渠道发表、转发错误观点，或编造、散布虚假信息、不良信息。（4）潜心教书育人。落实立德树人根本任务，遵循教育规律和学生成长规律，因材施教，教学相长；不得违反教学纪律，敷衍教学，或擅自从事影响教育教学本职工作的兼职兼薪行为。（5）关心爱护学生。严慈相济，诲人不倦，真心关爱学生，严格要求学生，做学生的良师益友；不得歧视、侮辱学生，严禁虐待、伤害学生。（6）加强安全防范。增强安全意识，加强安全教育，保护学生安全，防范事故风险；不得在教育教学活动中遇突发事件、面临危险时，不顾学生安危，擅离职守，自行逃离。（7）坚持言行雅正。为人师表，以身作则，举止文明，作风正派，自重自爱；不得与学生发生任何不正当关系，严禁任何形式的猥亵、性骚扰行为。（8）秉持公平诚信。坚持原则，处事公道，光明磊落，为人正直；不得在招生、考试、推优、保送及绩效考核、岗位聘用、职称评聘、评优评奖等工作中徇私舞弊、弄虚作假。（9）坚守廉洁自律。严于律己，清廉从教；不得索要、收受学生及家长财物或参加由学生及家长付费的宴请、旅游、娱乐休闲等活动，不得向学生推销图书报刊、教辅材料、社会保险或利用家长资源谋取私利。（10）规范从教行为。勤勉敬业，乐于奉献，自觉抵制不良风气；不得组织、参与有偿补课，或为校外培训机构和他人介绍生源、提供相关信息。

五、不断优化教师教学行为

学校要加强教师专业化培训，引导教师不断优化教学行为：（1）端正教学态度，认真做好教学工作；（2）要激发学生的求知欲；（3）既要严格要求学生，又要尊重学生；（4）钻研业务，认真备课，熟悉教案，不断学习新的业务知识，努力提高教学水平；（5）组织好课堂教学，创造生动活泼的课堂气氛，训练学生思维，提高40分钟的质量；（6）精心指导学生学习，认真批改作业，及时纠正错误；（7）定期做好教学质量检查工作，及时查缺补漏，把好教学质量关；（8）按时上下课，在规定时间内完成教学任务，不拖堂；（9）仪表端正，语言要清晰流畅，板书要整洁规范，内容要简练精确；（10）热情耐心地对待学生的提问，鼓励学生勤思善问，做好课后辅导工作；（11）对待学生一视同仁，不准讽刺挖苦学生；（12）教学计划的安排应符合学校的要求，不能随意增删内容，不增加学生的学习负担。

第三节　以学校规章制度建设为载体，创设校园制度文化

一、明确校园制度文化要求

校园制度文化主要指学校特有的规章制度、管理条例、学生手册、领导体制、检查评比标准，以及各种社团和文化组织机构及其职能范围等。它是一所学校正常的教育、教学工作得以顺利进行的条件和保证。校园制度从广义上讲，包括教育制度，教育法律，教师道德、文化、语言等；从狭义上讲，包括校规、公约、守则、纪律等。涉及的内容非常广泛，既有明确规定的准则条文，也有自发形成、无明文规定的行为模式。学校规范作为联结学校和个人行为的媒介因素之一，折射着学校对个人的影响，直接引导并限制个人的态度和行为。

二、以学校规章制度建设为载体，创设校园制度文化

（一）科学制定学校章程

学校要根据法律法规要求，科学制定学校章程。要深入分析学校的办学基础和客观条件：从外部资源来看，分析学校具备什么样的办学条件，拥有什么样的办学优势，面临什么样的办学困难和挑战；从师资队伍来看，分析教师队伍的年龄结构、学历水平、教学能力，具备什么样的优势，同时存在什么样的劣势与不足；从学生生源来看，分析学生的行为习惯和日

常表现、学习基础和学习态度、学习水平和学习能力；从家校共育情况来看，分析家长是否关心学生的培养和发展，是否支持和配合学校的教育，是否具备一定的教育指导能力，是否表现出强烈的教育预期和教育要求。在做好上述情况分析的基础上，科学梳理学校的办学目标和培养目标，确定学校的办学理念和校训精神，确定学校的校风、教风和学风要求。

（二）科学制定五年发展规划

学校要立足当前的办学基础和办学条件，深入思考未来五年的发展规划。学校层面要制定学校发展的总目标，指向课程建设、队伍发展、学生教育、后勤保障、办学特色等方面，确定具体的目标要求，实现量化考核评价。学校的各个部门要在发展总目标的指导下，集体研讨相关领域的年度发展计划，形成循序渐进的发展目标体系，并且能够形成具体的工作任务去落实学校发展的要求。发展规划的制定，要发动各条线的人员进行深入的研讨，集思广益，形成可以操作和评价的规划文件。

（三）科学制定学校管理制度

在章程的指引下，我们要科学制定学校管理制度，涵盖校务管理、教育管理、教学管理、后勤保障、安全管理、教代会教职工代表大会制度等。在校务管理上，要明确不同岗位人员工作职责，明确岗位安全工作职责，制定具体的考勤、考核和奖励制度，充分体现绩效考核奖励要求。在教育管理上要明确班主任、年级组长等岗位职责，制定具体的管理考核要求。明确学生行为规范要求，落实具体的评价指标。加强学生学习的组织管理，制定病事假管理要求，维护学生的权利。制定学生权益申述制度，积极推进学校科学管理。在教学管理上要制定"双新"课程实施方案，深入推进国家课程校本化实施。制定课堂教学评价制度，科学评价教师的教学行为。加强学生学习行为的评价，推进学生的自主学习。在安全管理上要制定学校安全工作方案，组建学校安全工作领导小组和工作小组。制定系统的校园安全管理制度，涵盖学校工作的各个方面。落实学校专用教室管理、教学场地管理、各类安全主题工作方案，确保安全工作有章可循。

三、认真落实制度管理，努力打造现代学校

（一）坚持制度管理，强化工作职责

学校在教育教学工作中要严格落实制度管理，切实发挥制度的组织保障作用。学校管理团队要明确不同条线的工作职责，引导教师正确了解制度要求，认真履行自己的岗位职责，有效推进教育教学工作的实施。教师要根据制度要求，深入研读课程标准，正确把握课标要求，科学制定教学目标；要深入研读教材，抓住教学重点难点，科学设计教学方案；要深入分析学生学情，根据学生的学习基础和学习能力，组织开展各种形式的学习活动，向学生提供充分的朗读、思考、讨论、交流、展示等机会，从而扎实推进课堂教学活动。后勤岗位人员要根据制度规定，认真做好相关资料整理、物资发放、教学辅助工作，认真履行自己的工作职责，服务教学一线工作，提供有效及时的教学辅助。

（二）坚持规范管理，优化工作流程

教育教学工作涉及学生、教师、家庭、社区等各个方面，涵盖各种形式的教育活动和学习实践，在坚持制度管理的基础上，更要坚持规范管理，减少工作中的矛盾与冲突，不断优化工作流程，切实提升工作效率。校务班子要形成战斗合力，把握重点工作，认真落实"三重一大"制度，确保学校重要人事安排、重大项目内容、重点工作任务和大额资金管理科学规范。要切实体现民主集中制原则，凡是会议决策集体没有通过的，坚决暂缓实施。各部门要各司其职、各尽所能，部门主任负责整体工作的安排与协同，分管主任要认真落实自己的岗位工作，部门之间要加强沟通交流，及时反馈工作中的问题和难题，充分发挥集体的智慧和团队的力量，积极探索有效的解决措施。教师要积极担负起教书育人的工作职责，加强学生的教育

指导，培养学生的良好习惯，教给学生科学的学习方法；要关心学生的发展需求，准确了解班级特殊学生的情况，根据具体情况给予科学的指导，及时帮助特殊学生、困难学生，重视学生的身心健康，做学生成长的导师。学校要发挥家委会的作用，及时宣传学校的教育工作和教育活动，帮助家长了解学校工作，引导家长共同关心和支持学校工作。要深入推进家校联系，及时了解家长的信息反馈，及时发现教育管理中的不足和疏漏，共同研讨相应的解决措施。

（三）坚持科学管理，努力提升管理实效

学校要在落实制度管理、规范管理的同时，坚持科学管理。学校在重大事项和制度的制定上，不仅要体现党和国家的意志，要体现法律法规的要求，还要体现教职工、学生家长的意愿和需求，所以要充分发扬民主精神，听取教职工、学生及家长的意见和建议，在规范制度的同时兼顾人性化，使得管理制度得到广大师生、家长的支持和配合。学校在教育教学工作的组织上，不仅要发挥管理团队的智慧和力量，形成系统的工作方案，还要深入一线，听取教师与学生的意见，寻求更加科学合理的工作方法，使得管理工作更接地气、更有实效。学校在重大活动的组织与实施上，要充分考虑学生与教师的工作负荷，不能一味求全求新，不能一味追求形式与花样，要切实发挥学生的主动性，给予学生充分的参与和训练的机会，让活动更有意义和实效。学校在处理学生问题、师生问题、家校问题时，不能简单照搬照抄政策要求，要充分考虑中小学生的特殊性，考虑教师教育工作的复杂性，考虑家庭教育的差异性，要换位思考，理解学生的幼稚与天真，体谅教师的辛劳，照顾家长的无奈和惶恐，用科学的思维、正确的方法来处理各种矛盾纠纷，让学生消除紧张焦虑，让教师变得坦然自信，让家长获得支持与帮助。

（四）坚持人性管理，激发师生奋斗信心

同样的一所学校，换了一个校长，就会发生不一样的改变。在学生不变、家长不变、教师不变的现实条件下，为什么会发生这样的变化呢？关

键是学校实施了人性化管理，用好的工作方法触动学生与教师的心灵，用爱与温暖感化学生与教师。我们要激发学生学习的主动性，不能一味地说教与约束，学生没有完全接受你的教育，根本不在乎你的主张与规定。教师要站在学生发展的角度劝解学生，引导学生明确学习的真正目的，让学生知道学习不是为了老师、为了分数、为了金钱，而是为实现学生自我成长和人生价值追求。我们要激发教师的工作热情，不能用简单粗暴的检查、谈话来管理教师，而是要从教师自我成长和自我奋斗的角度引导教师，将工作要求与教师的自我成长有机结合，让教师自觉行动起来，积极投入教育教学活动，用心寻找更加科学与合理的教育方式，变"要我做"为"我要做"，并引导广大教师融入学校的建设与发展，在奉献教育实践的过程中不断提升。我们要激发家长的教育热情，不要一味指责与埋怨家长，要建立与家长共同奋斗、相互支撑的感情，分析不同年龄阶段学生的身心发展规律，分析学生出现各种问题的原因，提供解决各种问题的建议与措施。要指导家长的教育行为，家校协同配合，共同做好学生教育工作，让家长更加理解老师的用心，让家长学会主动教育与引导学生，积极陪伴学生的成长。人性化管理可以让学生变得更加自信与阳光，让老师变得更加从容与淡定，让家长变得更加积极与主动。

第四节　以学校师生价值追求为引领，营造校园精神文化

一、明确校园精神文化要求

校园精神文化是指一所学校在一定的社会历史条件下，为谋求生存和发展、达成既定的教育目标，在长期的文化创造过程中积淀、整合、提炼出来

的，反映学校广大师生员工共同的理想目标、精神信念、文化传统、学术风范和行为准则的价值观念体系和群体意识。就其内涵来说，它是一所学校在长期的发展过程中逐渐形成的共同的价值取向和心理诉求，是让一所学校在各种环境下得以发展壮大的精神支柱，是激励全校师生为实现美好目标而积极进取的精神动力；从其外延来看，它体现在全校师生的思维方式、行为方式和生活方式之中，体现在全校师生的共同理想信念、道德品格、价值准则和性格特征之中，体现在学校的全部生活和文化形态之中。

校园精神文化可分解为四种基本成分：一是认知成分，即学校这个群体和构成它的个体对教育目的、过程、规律的认识，它属于校园文化的理性因素；二是情感成分，是学校这个文化体内的成员对教育、学校、班级、同事、同学、老师、学生特有的依恋、认同、热爱的感情，这种感情通常包含着很深的责任感、归属感、优越感和献身精神；三是价值成分，即学校校园独有的价值取向系统，如"尊师爱生"的价值取向、"教育、教学活动优先"的价值取向，以及"严谨、守纪、规范、团结"的价值取向等；四是理想成分，即学校及其成员对各种教育活动和学生的发展水平所表达的希望和追求，比如创造美好的教育环境，让学生在德、智、体、美、劳等各个方面得到充分、和谐、全面的发展。

二、以学校师生价值追求为引领，营造校园精神文化

（一）积极培养大学附校独有的精神文化

作为大学附校，学校要有别于传统的中小学基础教育学校，从大学的文化基因传承入手，深入学习和贯彻大学的文化，学习大学的办学理念。要传承大学"诚信、宽容、博学、务实"的校训精神，从而孵化出附校独有的办学理念——"博学善思，惟精惟一"，进一步探索出附校的校训精神"勇于进取、乐于合作"，真正契合中小学的办学方向。要根据基础教育的特点，逐步形成学校的校风、教风、学风。要树立求真务实、开拓创新的校风，主

动担负起大学附校的发展重任，切实改变过于守旧的传统观念，着力实现求真、创新，逐步形成大学附校独有的意志品质。要积极形成敬业爱生、博学善教的教风，发扬创业者的开拓创新精神，忠于自己的职业信念，发扬大学毕业生的专业优势，积极探索科学的教育方法，努力做学生喜爱的好老师。要积极树立勤学善思、乐学好问的学风。新时代的好少年不仅要勤于学习，还要善于思考，能够寻找更加有效的问题解决措施。不仅要好好学习，还要喜欢学习、主动参与学习活动，在活动中历练自己。要学会思考问题，主动寻找自己的短板，努力发现解决问题的新路径。不一样的办学文化，决定了学生不一样的成长和发展的可能。

（二）积极培养大学附校自身的文化认同

作为大学附校，学校要积极培养学生自身的文化认同。要加强大学的宣传介绍，让学生深入了解大学，了解大学发展的历史，了解大学的课程特色，了解大学的资源优势，了解大学的师资优势，从而实现学生思想上的认同。要推动学生学习大学的文化，定期组织学生参观校园，走访大学校史馆，通过鲜活的资料和生动的画面教育学生。让学生走进大学经贸创新实验室，了解新时代金融的运转模式；走进大学生双创基地，了解大学生参与科技创新的经历和成果；参加大学的各类主题实践活动，观摩大学生丰富多彩的校园生活，感受大学生意气风发的才华展示，聆听大学生参与社会实践与职业体验的生动汇报等。要让学生在各种形式的学习活动中，实现文化趋同，培养附校学生情结，就像一位二年级学生所讲的："我是上经贸人，我以后必须读上经贸大学。"在学生稚嫩的言语背后，是学生深深的文化认同和自豪的大学情怀。

（三）积极培养附校师生的价值追求

学校要积极培养师生的价值追求，激发师生树立强烈的价值观念。办学之初，学校提出"诚招天下英才，打造优质教育"的办学目标，针对学校的生源基础和教学能力，提出了"努力做最好的自己"的发展愿景。学校积极挖掘教师的专业特长和个人爱好，鼓励教师开展校本课程的开发和实施，激励教师在专业上获得更大的发展和突破。学校建立教学设施申购制度，部门主任审核，根据不同层次的校本课程给予教师不同的经费支持，开展相应的考核奖励，推动教师在服务学生、打造特色的过程中不断成长。努力做上海教育的优秀实践者，已成为每个老师共同的心愿和目标。学校在分析学生学情和家庭教育的基础上，确定了"五自"教育，即自主规划、自主学习、自主管理、自主评价、自主调整，努力培养"学识广博、品行高雅"的附校学子；针对学生的发展评价，提出了"六自"发展目标，即生活自理、行为自律、安全自护、学习自主、文明自觉、理想自信；针对学生核心素养培养要求，提出了"五会"能力要求，即学会学习、学会运动、学会交流、学会合作、学会创造。在学校的学生发展价值体系的引领下，学生不断明确自我发展目标，规范自我行为，落实自我管理，加强自我锻炼，提升自身素养，逐步成长为有理想、有本领、有担当的新时代好少年。

（四）积极培养附校学生的理想追求

为了促进学生的个性发展和全面成长，学校要积极培养学生的理想追求。在学校"文化＋特长"的发展战略下，学生要努力提升国家课程的学习水平和学习能力。在学科学习上，学生要确定自己的理想目标，比如：努力成为班级前 20% 的优秀生，在学科成绩上取得优异的成绩；努力成为班级前 50% 的学生，能够超越班级同学的平均水平；努力成为班级前 80% 的学生，能够打下扎实的学习基础，养成良好的学习习惯。在个性化发展方面，学生要积极参与各类项目学习活动，根据自己的爱好特长，选择不同的活动项目，比如体育类的射箭、棒球、排球、广播操、健美操等，艺术类的手风琴、民乐、打击乐、炫彩画、水粉画、手工画等，科创类的智能机器人、计算机编程、3D 打印、智慧城市生活等。学生每周课后参加各类培训，回家继续开展专项训练，假期参加市区级比赛活动，在不同的学习与训练中逐步提升自己、发展自己。学校要加强学生的学习教育和活动锻炼，给予学生充分的机会，鼓励学生开展自主学习，努力促进学生的成长和发展。

第三章　学校综合治理：科学民主，管理规范

第一节　以党建为引领，落实党组织领导的校长负责制

我国 1985 年起试点实施中小学校校长负责制，该制度对推动基础教育的发展做出了卓越贡献。但是，与 30 多年前相比，中小学校育人的内外部环境发生了重大变化，迫切需要转换学校治理的逻辑。2022 年 1 月，中共中央办公厅印发了《关于建立中小学校党组织领导的校长负责制的意见（试行）》，旨在加强党对教育工作的全面领导，保证党的教育方针和党中央决策部署在中小学校得到贯彻落实。中小学校党组织领导的校长负责制可以进一步提升学校治理的效能，推动基础教育在党的全面领导下实现高质量发展，落实立德树人的根本任务，为党育人，为国育才。

一、锤炼党性，激发办学活力

加强党对教育工作的全面领导是办好教育的根本保证。党组织领导的校长负责制，就是要坚持把政治标准和政治要求贯穿办学治校、教书育人的全过程，坚持社会主义办学方向，落实立德树人的根本任务，团结带领全校教职工推动学校改革发展，培养德智体美劳全面发展的社会主义建设者和接班人。

　　教职工的精神面貌对学校的发展有举足轻重的影响，而学校党组织正是构建精神高地的决定力量。学校高度重视党建工作，充分发挥基层党组织作用，突出一个党员就是一面旗帜、一个支部就是一座堡垒的先锋引领作用，以优质党建引领学校发展，注重以党性锤炼激发教职工的战斗力，以理想信念激发教职工的干劲，把学校教书育人的根本任务落实到党的部署和决策中。

　　党总支坚持把"三会一课"制度落到实处，不断强化党员思想政治教育，完善教职工学习制度，并与师德建设结合起来。通过党总支书记上党课、校外专家专题讲座、全体教师研学等方式完善政治理论学习制度，读原著、学原文、悟原理，增加学习深度，拓展广度。认真学习党的二十大精神、最新修订的《中国共产党章程》、《习近平谈治国理政》（第四卷）、《习近平在上海》、《当好改革开放的排头兵——习近平上海足迹》、《论党的青年工作》、《党的二十大报告学习辅导百问》、《二十大党章修正案学习问答》等重要文献，激励全体党员牢记师者初心使命，不断提高政治理论水平和道德素养，努力把上经贸大附校办成老百姓家门口的好学校。

　　在党的二十大召开之际，学校开展了主题为"喜迎二十大，奋进新征程"的"七一"主题党日活动。以习近平新时代中国特色社会主义思想为指导，深入贯彻落实中共中央办公厅《关于推动党史学习教育常态化长效化的意见》的精神，通过"党史故事我来讲""书记上党课""重温入党誓词"等环节，巩固拓展党史学习教育成果，进一步做到学史明理、学史增信、学史崇德、学史力行，更好地用党的百年奋斗重大成就和历史经验增长智慧、增进团结、增加信心、增强斗志，更加坚定自觉地牢记初心使命、开创发展新局，在新的赶考之路上考出好成绩，达到学党史、悟思想、办实事、开新局的目的。

二、党政协同，提升管理效能

　　民主集中制是我们党的根本组织原则和领导制度。在充分发扬民主的基础上实行集中，形成了民主基础上的领导权威性、高度的内聚力、巨大的动员力和强大的行动力，以此保证党的意志和指令得到有效实施和执行。我校是校长、书记分人设置的学校，党组织领导的校长负责制更加突出校长在学校管理中的责任主体地位。我们认为，党政分设，不是各管一摊、互不干涉，更不是所谓谁性格强势决定谁说了算，一切工作都是党组织决策和部署的，是集体研究的结果。建立党组织领导的校长负责制，就是要建立学校党政定期沟通制度，有事勤商量，没事多沟通，必要时通过党的会议研究讨论；要规范每年一次的职工代表大会制度，加强对行政权力的监督，倾听广大教职工的呼声和意见，避免行政权力不受约束、运行不阳光、决策不透明，以及不经过党的会议集体决定的行为发生。

学校积极学习、贯彻《关于建立中小学校党组织领导的校长负责制的意见（试行）》，坚持和加强党对学校工作的全面领导。认真制定《上海对外经贸大学附属松江实验学校党组织会议议事规则》《上海对外经贸大学附属松江实验学校校长办公会议（校务会议）议事规则》，全面优化学校管理机制，提高管理效能。党组织领导的校长负责制，实行党组织集体领导和个人分工负责相结合的制度。凡属学校"三重一大"事项的，都要按照集体领导、民主集中、个别酝酿、会议决定的原则，由党组织会议集体讨论做出决定。校长在学校党组织的领导下，依法依规行使职权，按照学校党组织有关决议，全面负责学校的教育教学和行政管理等工作，确保党组织在学校中具有核心引领力、履职执行力、过硬战斗力、示范辐射力。

在党组织统一领导下，党政分工合作、协调运行的工作机制保证了学校重大事项顺利高效推进。学校积极践行"博学善思，惟精惟一"的办学理念，努力实践"乐于合作、勇于进取"的校训精神，发挥上海对外经贸大学的资源优势，积极推进"文化＋特长"办学战略，积极参与教育综合改革，完善现代学校管理制度，努力实现五大办学特色：管理特色、师训特色、课程特色、项目特色、教育特色。

（一）推进依法治校

学校认真制定依法治校实施方案，深入推进学校制度建设，制定完善各类规章制度，形成了校务管理制度、教育管理制度、教学管理制度、安全管理制度、总务管理制度、人事管理制度六大制度系列。发挥教代会作用，讨论决定学校重大事项和重要决策，听取教职员工的意见和建议，凝聚集体的智慧和力量。加强家校沟通，形成教育合力。

（二）涵养校园文化

学校重视校园文化建设，积极传承上海对外经贸大学的办学传统和理念，努力创建务实进取、开拓创新的校风；重视师资队伍建设，积极打造博学善教、敬业爱生的教风；关注学生培养，积极打造勤学善思、乐学好问的学风。关注学生的五项品行——理想信念、诚实守信、家国情怀、责任担当、意志品质，重视学生发展五个维度——学习兴趣、学习习惯、学习方法、学习意志、学习能力，努力培养学生五种能力——学会学习、学会运动、学会交流、学会合作、学会创造。关注学生发展，深入推进"文化＋特长"的办学战略，努力培养"学识广博、品行高雅"的附校学子。

（三）完善组织建构

学校加强组织建设，推进团队发展。切实开展竞聘上岗工作，选拔和培养优秀管理人员，努力建设一个无私奉献、爱岗敬业的管理团队；加强年级组长建设，积极推进年级组长聘任制度，发挥年级组长的组织管理作用；加强学科组长建设，选好学科组带头人，引领学校教学工作，不断提升学校教学质量；实施条线管理制度，发挥部门主任、食堂经理、物业经理、保安队长的作用，各项工作组织和管理有条不紊；发挥年级班级家委会主任作用，组织开展护校安园志愿服务工作，协同创建安全文明校园、上海市文明校园，为巩固和深化松江区创建全国文明城区的成果贡献力量。

三、立德树人，锻造师资队伍

党组织领导的校长负责制不是党组织"包办一切""管理一切""替代一切"。党组织在全面领导的基础上，更多面向大事、难事、复杂事。对具有深远意义、事关全局、能激发内在活力的具有"舒筋活血"功能的事情，党组织坚持反复抓、重点抓。

在师资队伍培养工作上，学校坚持"党管干部""党管人才"的根本原则，加强队伍建设，促进专业发展。

（一）加强师德建设，提升教师素养

党的二十大报告指出：加强师德师风建设，培养高素质教师队伍，弘扬尊师重教社会风尚。因此，学校积极发挥党支部战斗堡垒作用，组织开展专题学习活动，学习教育政策法规，学习先进人物事迹。全体教师每学年签署上经贸大附校教师师德承诺书、松江教师"八个严禁"承诺书。开设"思源大讲堂"之师德专场，坚持把师德师风建设摆在师资队伍建设的首要位置，多渠道、多层次开展师德师风建设。持续开展师德师风专项整治行动，严肃查处在职教师有偿补课和违规收受红包、礼金等侵害群众利益的突出问题，加大对违反师德师风行为的惩治力度，规范教师的教育行为，提升教师的素养和能力。开展博雅教师评选活动，推选优秀党员、教坛新秀、优秀教师、特色教师、优秀班主任，发挥其榜样带动作用，营造争先创优的良好氛围。落实全员导师行动，开展师生结对活动，深入推进教育指导、学习辅导、心理疏导、思想引导、成长向导工作，不断提升教师的专业素养和教育能力。

（二）加强师资培训，促进教师发展

学校发挥师训处作用，全力组织和推动教师专业成长自主行动。指导教师制定个人专业发展三年规划，明确专业发展目标，落实具体工作措施，推进教师的理论学习、课堂实践、教学反思、课题研究，让教师的专业发展成为自觉要求。依托精准委托管理项目，为学校语数外等学科组配备市级专家，学科组长根据年段需要和学科特点，定期开展校本研修活动，努力深化基于素养的学生学科能力培养研究。立足校本特色课程建设，积极借助大学、社区资源，深入推进体育、艺术、科创等特色项目建设，落实学生专项技能培训，用心打造特色项目社团，积极参与市区级比赛活动，加速教师的专业化成长。推进教学资源自主申购制度，鼓励教师根据教学需要，申购活动器材、活动设施，发挥教师的专业作用，为学生发展提供专业的设施设备，提升教师的专业化素养和水平。

学校关注教师的专业发展需求，积极搭建教师专业发展平台。经过多年的努力，逐步形成了"教师专业发展学校、教育集团、精准委托管理、强校工程引领学校、教育综合改革项目"五大工作平台，全面推进教师的专业化培养。依托教师专业发展学校，落实见习教师规范化培训基地工作，选拔优秀骨干教师担任区级导师，开展见习教师教育教学指导工作；依托教育集团，深入推进联合教研活动，发挥校际教师专业力量，形成教学研究的常态化模式；依托精准委托管理，加强团队教育教学管理工作能力培训，合理制定发展规划，认真落实年度工作计划，积极推进工作目标达成度自主评价，切实提升学校教育教学组织管理水平；依托强校工程引领学校，积极总结课程建设、校本研修、学生培养工作经验，发挥示范辐射作用，带动结对校教师的专业发展；依托教育综合改革项目，积极开展新中考改革、课后服务实践、数字化教学实验等工作，不断改进学校教育教学，努力提升学校办学质量，积极打造教育品牌。

（三）加强专业指导，提升育人能力

学校了解教师发展的瓶颈问题——青年教师大量引入，优秀骨干教师缺乏。针对该问题，调整专家队伍体系，建立市、区、校三级专家资源，提供多样性的专业指导，满足不同群体的学习需求。发挥学科组的作用，学科组长对接不同的专家，自主确定活动时间和主题，安排活动议程，听取专家指导，完成学习报告。发挥管理团队的作用，深入开展推门听课行动，了解教师随堂课教学情况，发现教师教学问题，共同探讨解决方法，寻找有效改进措施，落实教师的专业指导。

学校加强校本研修，发挥学科组作用，定期组织开展各种活动，精心设计教学方案，积极开展教学研讨，深入分析教学问题，探讨教学改进措施。组织开展随堂听课、组内研讨、新秀汇报、骨干展示、教学评比等五项活动，落实校本研修活动，强化教育教学研究，推动教师开展实践活动，切实提升教育能力。定期开展常规检查，了解教师作业设计、作业批改、备课、听课、测试等工作，掌握教师教育工作状态，查找教师工作中存在的问题和不足，努力寻求解决方案。

学校依托教育科研促进教师成长，选拔优秀教师负责教育科研工作。关注教师在专业上的成长，定期组织教育科研征文活动，开展评比活动，发现成功经验，提升教师的教育研究能力。开展课题申报活动，形成市、区、校三级体系，降低科研工作门槛，激励教师参与课题研究，选拔优秀课题参与市区级专项研究。及时发布征文评比信息，鼓励教师参与科研比赛，为教师寻找展示机会、提供发展的平台，让教师及时交流教育思想，共同分享教育智慧。

党组织领导，是全面和全方位领导，是管方向、管大局、做决策。校长负责制，就是负责落实党的决策部署，研究安排具体实施措施，确保政治方向不偏离、决策落实不走样。党组织领导的校长负责制，进一步促进学校依法依规办学，决策达成共识，落实坚决有力，为实现学校高质量发展提供组织保障。

党组织领导的校长负责制，旨在进一步强化党组织在中小学工作中的领导作用，更加突出校长在学校管理中的责任主体，进一步明确教育的根本任务，更好地协调党政同责的政治要求。无论是组织领导，还是管理主体，党政具有同样的责任，党政领导要拧成一股绳，劲往一处使，共同出谋划策，不打小算盘，不搞小圈子，要具备"学校是党的学校"的格局和情怀，高瞻远瞩，长远谋划，勠力同心。

第二节　以章程为核心，推进现代学校制度建设

党的二十大报告提出，深化教育领域综合改革，加强教材建设和管理，完善学校管理和教育评价体系，健全学校家庭社会育人机制。这一重要论述明确了教育事业可持续发展的根本路径，为教育改革发展指明了方向。

现代学校制度建设是教育改革发展的重要内容，2016 年建校以来，上经贸大附校认真贯彻《全面推进依法治校实施纲要》精神并落实《义务教育学校管理标准》，以章程建设为核心，以明确学校、家庭、社会权利义务为重点，推进现代学校制度建设，优化学校内部治理结构，健全学校科学决策、民主管理的运行机制，有效提升了学校治理体系和治理能力的现代化水平。

一、认识章程的价值取向

学校治理的核心是要建立和健全以章程为核心的现代学校制度，学校章程是现代学校制度的重要载体和最高纲领。学校积极推进依法治校工作，在依法健全学校内部的组织机构与制度建设，推进学校管理与运行机制的制度化、规范化等方面进行了积极的探索，对依法按照章程办学的现代学校管理制度进行了有益的尝试。

现代学校管理者可以分为权威型、魅力型和法理型三类。权威型校长一般具有长期的管理经验，很多还是学校的创始人，自有"不怒而威"的权威性，但这批校长正逐步退出管理队伍。魅力型校长凭借自身的教育教学能力或独特的人格魅力在教师中得到推崇，具有很强的号召力，但此类校长可遇而不可求。法理型校长则依据规章制度依法治校，减少学校管理中的即兴行为，克服学校工作的随意性。特别是随着一大批年轻校长的上岗和"校长专业化成长"，法理型校长成为学校可持续发展极其重要的一环。学校章程全面实施也就成为水到渠成的事情。

二、认识学校章程的重要价值

（一）明确学校今后的发展方向

学校章程建设有利于依法健全学校的领导体制，促使学校结合自身的办学层次、类型与特点，依法制定、完善和修订学校章程及其他规章制度，使学校在办学性质、发展目标、学校的组织机构与决策程序、管理体制等方面形成完善的制度性规定，明确学校今后发展的方向，使学校的可持续发展在制度上得到保障。

（二）推进学校依法治校的重要抓手

依法治校的前提是有法可依，有章可循。学校范围内的法和章就是学校的规章制度，这一制度系统依然有一个核心，即基本法，学校章程就是学校的基本法，是学校最具权威性和稳定性的重要文件。抓住章程建设，就是抓住了依法治校的核心，因为制定学校章程的过程必须严格规范。广泛的宣传发动、深入的学习讨论、规范的建章程序、具体的贯彻落实以及领导的身体力行、师生的广泛参与，本身就是一个统一思想、提高认识的过程，可以使师生依法治校的意识得以加强、观念得以更新，有利于推行依法治校。

学校从办学伊始就认真制定依法治校实施方案，充分体会到加强以学校章程为核心的规章制度建设是进一步规范学校管理、实行依法治校的一项基础工作，也是推进现代学校制度建设，促使学校形成"自主管理、自主发展、自我约束、社会监督"科学管理机制的重要举措之一。

（三）有利于和谐校园的构建

和谐校园的创建与发展，教师是根本，班子是关键，校长是灵魂，章程是最高行为准则。学校首先要加强班子建设，建立健全、专业化的管理机构，以先进的理念和方法激励教师主动发展。校长要任人唯贤、率先垂范、容人容事，淡化权力意识，实施民主集中制，分层管理，权责到人。坚持刚性制度约束与人性化的人文管理和谐统一，改变单靠"硬性"的行政指令要求教师完成教育教学任务的做法，在依法依规、坚持原则的基础上，把各种任务、要求和教师的态度、感情、利益、发展的需要结合起来，以公平的信念创造各尽所能、各得其所的激励和分配机制，如建立教师业务档案、教育教学效果评价方案、课改方案、奖教奖学方案等。围绕教师关注的热点问题，如评优、职称晋升、财务收支等，建立公正、公平、公开的管理机制，健全和落实教代会、校务公开制度，给予教师知情权、参与权和监督权。学校以章程为准则，全力营造融洽、和谐的人际关系和民主平等、团结尊重的校园环境。教师若主人翁意识增强，就会自觉地把自己和学校的发展紧密地结合在一起。

三、准确理解章程的作用

章程是一个组织的纲领性文件，现代学校制度建设必须以章程为载体并将其作为运行的根本依据，我们必须以章程建设为核心建立完善现代学校制度。

（一）完善系统的课程体系

学校全面贯彻国家教育方针，全面实施素质教育，落实依法治校原则，加强学校内部规范化管理，促进学校持续、稳定、健康发展。以爱国主义教育为核心，全面实施素质教育，既重视学生文化知识基础，又重视学生智力、能力的培养与锻炼，注重发展学生的兴趣特长，全面提高学生素质，教育学生学会做人。学校章程充分体现学校的教育教学理念。学校根据国家和市教育行政部门的有关规定，制订学校的课程方案和教学计划，设置开发校本课程，确定教学进度，选用教材，组织教学活动，对教师和学生进行考核评价。

（二）保障学生合法权利

学生是学校的主人，是学校的服务对象，学校依法维护学生的受教育权，尊重学生人格及其他人身权利和财产权利。章程明确指出：学校把将受教育者培养成爱国的，具有社会公德、文明行为习惯的，遵纪守法的好公民作为思想品德教育的基本任务。把基础道德和日常行为规范教育作为基础手段，使受教育者成为有理想、有道德、有文化、有纪律的社会主义建设者。学校全面实施素质教育，以德育为核心、以培养学生创新意识和实践能力为重点，发展学生个性特长，促进学生全面、主动发展。

（三）维护教师合法权益

在保障学生合法权利的同时，学校还应维护好教师的合法权益。章程指出，学校实行教职工全员聘用合同制。学校根据上级有关规定，结合学校实际，进行定岗、定编、定员、定责。教职工由校长聘任（专业技术职务聘期一般为三学年，工作岗位聘期一般为一学年）。学校实行考核制度，每年对全校教职员工进行政治思想、业务水平、工作态度和工作实绩等进行综合考核。考核结果作为续聘、奖惩依据。学校教职工享有《中华人民共和国教师法》及有关法律法规赋予的权利，履行《中华人民共和国教师法》及有关法律法规规定的义务；学校保护教职工的合法权益，保障教职工享有国家政策规定的福利待遇；学校教职工必须遵纪守法，遵守学校的规章制度。学校对教职工的先进事迹及先进人物给予表彰和奖励，对违法乱纪的教职工依法按章给予处理。

（四）倡导学校民主管理

章程进一步规范学校的管理体制，完善教代会制度，建立教职工民主评议校长制度。民主评议的结果，一方面督促校长公正、公开地进行学校管理工作，使校长更加有计划、有目的地开展学校各项工作，不断提高领导水平；另一方面使上级党委和学校党组织了解"民意"，加强对校长全方位的考察。几年来，学校注重民主建设，注重发挥教代会在学校管理过程中的作用，明确提出"教职工代表大会是学校民主管理、民主监督的基本形式。教职工代表大会接受党支部的领导，支持校长依法行使职权，对学校工作依法实行民主管理和民主监督"。由于在学校民主管理方面取得了突出成绩，2021 年学校被评为上海市依法治校示范校。

四、以章程为核心，推进现代学校制度建设

学校要实现可持续健康发展，就一定要着力强化规章制度的科学性、

系统性、权威性和实效性，做到用制度管权、用制度管事、用制度保证学校办学的规范有序和健康发展，通过以"学校章程建设"为核心的制度系统的功能来推进现代学校制度建设。必须指出的是，"学校章程建设"工作有两个关键的落脚点，那就是"建立、健全制度体系"和"贯彻、执行制度规定"。

（一）建立、健全制度体系

　　章程建设是前提、是基础。国有国法，家有家规，学校工作同样需要建章立制、完善制度体系。而推进现代学校工作的首要任务就是弘扬社会主义法治精神，强化以学校章程为核心的现代学校制度体系建设。以学校章程为核心的现代学校制度体系建设对学校的发展举足轻重。诚然，学校在办学过程中形成的一系列规则在指导学校日常管理行为方面有一定的作用，但长期以来，学校管理人员和师生的法治意识不强，以及有章不循、违规不纠、监管不力等问题，还是不同程度地妨碍着学校办学水平的提高，有的甚至还损害着国家公共教育事业的正常发展。要解决好这些问题，不仅需要先进的办学思想的引领，还需要通过依法建章立制来提升学校的工作品质。而要让学校制度产生长效的机制并促进学校的和谐发展，把全面贯彻国家教育方针真正落到实处，我们就必须坚持制度建设的科学性、系统性和可行性原则，认真制定出科学、严谨、合理、可行的以学校章程为核心的学校规章制度体系，让学校的一切工作都纳入"法治"轨道，真正做到有章可循、行之有效。

　　学校章程建设工作需要动员广大师生员工一起参与，既要坚持理论联系实际和法治的观点，对制定学校章程活动的过程、经验进行总结、提炼，使学校制度符合国家教育法律法规的要求，又要真实地反映广大师生员工的意志、群众的需求，以促进学校办学质量的提高，进而提高学校上下尊重制度、遵守制度和维护制度的自觉性。学校章程建设还有其后续工作，就是对学校过去的规章制度进行全面梳理、整合，查漏补缺，自我完善，以防止出现制度的重复和自相矛盾。要建立健全以学校章程为核心的现代学校制度体系的长效机制、加强制度的系统性，既要注重实体制度建设，又要注重程序制度建设，尤其要在工作制度的细化和操作程序上做足文章，不但内容要全面覆盖学校生活的各个方面，而且要设计好执行程序，使每个环节都有据可查，以杜绝学校管理者在执行过程中可能出现的"随意"和"任性"。

（二）贯彻、执行制度规定

章程执行是关键、是根本。规章制度若不能严格执行，比没有规章制度危害还要大。所以，建立健全以学校章程为核心的现代学校制度体系长效机制，说到底还是一个严格执行的问题。值得一提的是，要克服和避免规章制度在执行过程中溃之于软、败之于宽的问题，使规章制度真正生发威力，就必须抓好以下三项工作：

（1）学校领导干部在执行规章制度的过程中要率先垂范，这是保证制度真正落实和严格执行的首要条件。所谓"上行下效""上梁不正下梁歪"，讲的就是这个道理。我们以为，学校领导干部作为制度的执行者，必须不断地增进"法治"素养、提高管理水平，在认真宣传规章制度的同时，还要遵守和维护学校的规章制度，言行一致、不折不扣地执行学校的规章制度，以尊重和捍卫规章制度的模范行为来推动学校上下形成崇尚"法治"、严格执行规章制度的良好风气。

（2）必须在学校培育遵章守纪的氛围。对一般学校来说，完全可以在较短的时间内造出形式上完备的学校章程文本。然而，真正的"依法治教"恰恰是艰难而漫长的实践过程，既有待法治思想的传播和普及，又有赖于师生员工对法治的追求和信仰。应该看到，一些人对国家制度和法律缺乏应有的尊崇与敬畏，对"潜规则""经验变通""人情世故"等充满了热衷与喜好。殊不知，落实学校规章制度最大的障碍莫过于世俗的影响，持久地将法治思想植入人们的头脑无疑是学校管理者在贯彻、执行制度规定过程中义不容辞的职责。

（3）要坚持不懈地加强对学校章程执行过程的监管。以学校章程为核心的现代学校制度体系建立后并非万事大吉，后续工作需要付出更大的努力，在日常执行中必须做到凡事有章可循、凡事有人负责、凡事有人监督、凡事有人处理。只有这样，学校章程才能真正地落实。在建立健全以学校章程为核心的现代学校制度体系以及加强部门规章制度建设的过程中，特别需要重视的是执行和监督事宜的落实，尤其要明确责任主体以及责任追究的具体内容，做到责有攸归。要明确具体的监督主体，以督促制度的执行、监管制度的落实、追究相关责任人的责任、定期进行反馈等，从而确保学校"法治"的确定性和严肃性。

显然，章程建设是基础，章程执行是关键。学校如果没有健全、完善的以学校章程为核心的现代学校制度体系，"依法治教"就无从谈起，这无疑为我们社会主义法治建设事业所不容；而如果学校没有严格、彻底地执行以学校章程为核心的现代学校制度，"依法治教"就必定是"做秀"。所以，严格执行学校章程不仅需要勇气，还需要智慧和创新。

总之，现代学校制度建设中，领导干部理应通过自己的努力给师生做出文明和进步的榜样，并以自己顺应社会先进文化潮流的示范作用带动师生的可持续健康成长。因此，我们只有以极大的热忱来进行"学校章程建设"，才能将学校的"依法治教"事业进行到底，才能持续推进现代学校制度建设。

第三节　加强学校综合治理，落实依法依规办学

教育部《全面推进依法治校实施纲要》明确指出：全面推进依法治校，必须以中国特色社会主义理论为指导，坚持社会主义办学方向，弘扬和践行社会主义核心价值体系，将坚持和改善学校党的领导与学校的依法治理紧密结合起来；必须全面贯彻国家教育方针，把立德树人、培养德智体美劳全面发展的社会主义建设者和接班人作为学校教育的根本任务，全面提高校长、教职工和学生的法律素质，加强公民意识教育，培养社会主义合

格公民；必须坚持以人为本，依法办学，积极落实教师、学生的主体地位，依法保障师生的合法权利；必须切实转变管理理念与方式，提高管理效率和效益，为全面推进依法治国和全面实现教育现代化打下坚实的基础。

学校承载着培养新时代公民的重要职责，要培养身心健康、品质出众的人才，学校的综合治理能力尤为重要。依法办学是一种行政要求，更是确保学校教育质量和秩序的基石。学校应定期组织法律法规学习，确保每一位教职工都明白其职责与义务。应根据国家的法律法规，结合学校的实际情况，制定或修订相关规章制度，确保学校的各项工作都能有章可循、有法可依。落实依法依规办学，首先要加强教育管理，确保教学、管理、服务、研究等各项工作都能正常、高效、有序地进行。

学校综合治理不仅是学校内部的事情，家长、社会都是学校教育的重要参与者。学校应切实加强与家长、社会的沟通，形成共治共建的格局。应建立反馈机制，时刻关注学生、家长、社会的声音，及时调整教育方法和管理措施。

一、弘扬法治精神，建设和谐校园

学校是培养人才的重要场所，也是推进法治教育、弘扬法治精神的重要阵地。在现代社会，法治的观念已经深入人心，成为社会治理的基本准则和重要依托，自然也是学校综合治理、完善治理体系不可或缺的一环。

"法治"是社会主义核心价值观的一项重要内容，是中小学德育工作的重要内容。学校积极开展法治教育，引导学生树立正确的法治观念，培养他们的法律意识和素养。教育部《依法治教实施纲要（2016—2020年）》明确指出：要把加强青少年学生法治教育、培养学生法治观念放在教育工作的突出位置，强化规则意识，倡导契约精神，弘扬公序良俗，实践法治的育人功能。编制《青少年法治教育大纲》，明确从基础教育到高等教育各学段法治教育的目标、任务、内容和要求，切实将法治教育纳入国民教育体系。

（一）加强法治教育，定期开展法治教育活动

在日常教育活动中，学校将法治教育纳入教学计划，通过课堂教育、主题班会、"专业人员进课堂"等形式，向学生普及法律知识，引导学生树立法治观念。同时，邀请法律专家来校开展专题讲座，为学生提供更专业的法律教育。要让学生深刻认识到法律的权威性和不可侵犯性，树立起对法律的敬畏之心，从而自觉遵守法律法规，了解和掌握基本的法律知识，提高法律素养。要让学生学会运用法律武器维护合法权益，提高法律实践能力。

学习二十大精神，弘扬法治理念。法治教育是博雅教育必不可少的一环。学校邀请松江区"茸耀"五老宣讲团团长、区教育局关心下一代工作委员会成员、松江区人民法院人民陪审员来校作题为"学习二十大，法治伴我行"的专题讲座。教育学生明白法律的庄严性，学会运用法律武器维护合法权益，学习做一名遵纪守法的公民。将与每个人息息相关的《民法典》带入学生的视线，帮助学生树立法律意识，增强法治观念。

（二）携手高校研学，探索法治文化、树立宪法意识

思想政治理论课是落实立德树人根本任务的关键课程，而办好思想政治理论课的关键在教师。学校道德与法治学科教师积极参与学校课程建设工作，聚教研组之力设计与组织课程研学活动。面向全体学生，联合松江区法院开展校社共育活动，践行"双新"背景下的思政课程改革，履行思政课教师的使命与担当。

为引导学生积极学习贯彻党的二十大精神，增强宪法意识，学校与松江区法院负责人共同协调，组织学生赴松江区法院开展研学课程活动。以"探索法治文化，树立宪法意识"为主题，让学生在学习宪法知识的基础上，以宪法精神为主线，进一步认识到宪法实施与每个公民息息相关，从而认同宪法价值，树立宪法信仰，以实际行动来宣传宪法，捍卫宪法尊严。学校将青少年法治教育引向深处，引导学生在思想上认同我国宪法的核心价值追求，深入理解"宪法是治国安邦的总章程，是国家的根本法"。道德与

法治学科教师进行先导课的理论教学，教育形式新颖灵活，教育内容贴近学生实际，使学生学在其中、乐在其中。

道德与法治课程以立德树人为根本任务，以培养有理想、有本领、有担当的时代新人为具体要求。思政课教师是理想信念的引导者、守正创新的开拓者，在实践与创新中落实新课程标准，转变育人方式，为广大青少年筑梦引路。

二、强化内部管理，提高治理水平

治理，不仅是管理的提升，更是对整体环境、文化与价值观的深化与优化。在今日的教育背景下，每一所学校都像一个微型社会，既承载着孩子们的梦想和期望，也反映了社会的多元与进步。为了给学生一个公平、正义、和谐的成长环境，我们必须对学校治理进行深入思考。只有用精细化、人性化、制度化的方式，保持与时俱进的觉悟和创新精神，才能真正地使教育之树根深叶茂，让学校不仅成为知识的殿堂，也成为学生成长的温馨港湾、人生的指路明灯。

学校强化内部教师队伍的建设，从关注教师的专业发展需求入手，致力于构建教师的专业发展平台。经过多年的不懈努力，我们已经建立了教师专业发展学校、教育集团、精准委托管理、强校工程引领学校和教育综合改革项目五大工作平台，全方位促进教师的专业化培训。通过"专业人员进课堂"等形式，为教师队伍提供深入学习法律知识的机会，以确保教学既有深度又有广度。

（一）完善规章制度，健全反馈机制

根据教育法律法规和相关政策文件，结合实际情况，学校制定了明确的规章制度，如《学校章程》《教学管理规定》《学生管理规定》等，确保学校各项工作的开展有法可依、有章可循。学校建立健全重大事项集体决策制度，坚持民主集中制原则，充分发挥教代会、少代会等民主渠道的作用，

使决策更加科学、合理、公正。学校建立健全信息公开制度，通过校园网、公示栏等途径及时公开相关信息，保障师生员工的知情权和监督权。完善财务管理制度，规范学校经济活动和财务管理行为。同时，建立健全内部审计制度，加强对学校经济活动的审计监督，保障学校资金使用的合法性和规范性。学校注重规章制度的贯彻执行，通过加强宣传、监督和检查等手段，确保各项规章制度得到有效执行。

学校制定了完善的学校章程和各项管理制度，明确各项工作的具体要求和操作规范。同时，对学校现有的规章制度进行全面调研和评估，找出存在的问题和不足。通过广泛征求教师、学生、家长和其他利益相关者的意见和建议，修订或制定新的规章制度。同时，以党建为引领，设立专门的监督模式，对规章制度的执行情况进行监督和检查，及时发现问题并加以整改，明确规章制度的目标和预期效果，使其更具指导性和操作性；确保规章制度的内容是明确、完整和规范的，避免模糊不清、难以执行的情况。同时，我们还建立起完善的反馈机制，及时收集师生的意见和建议，对存在的问题及时进行整改。随着学校和社会环境的变化，学校将定期对规章制度进行修订和更新，以确保其时效性和适用性。

（二）规范办学行为，营造健康校园

在规范办学行为方面，学校严格执行招生政策。按照教育部门的规定和学校实际情况，制定并公示招生政策和程序，确保招生的公平、公正和公开。同时，加强对招生过程的监督和管理，防止出现违规招生现象。建立健全突发公共事件应急预案和应急处置机制，维护学校的安全稳定。

学校根据教育部门的规定和教学大纲要求，积极规范课程设置和教学管理。合理设置课程和安排教学计划，确保学生接受全面、系统的教育。同时，我们还加强对教学过程的监督和管理，确保教学质量和效果。

学校通过完善学校规章制度和规范办学行为，弘扬法治精神，落实依法依规办学，加强和谐校园建设。建立起良好的校园秩序，提高教育教学质量，保障师生的权益，为全校师生营造出更加和谐、稳定的校园环境。

三、注重学生教育，培养优秀人才

学校综合治理是教育领域中的一项重要任务，其核心使命之一是注重学生教育，培养优秀人才。为了实现这一目标，学校采取了一系列积极的做法和举措，涵盖优质教育教学、校园文化建设、家校合作以及教师队伍的培养等方面。

（一）深化优质教育教学

在优质教育教学方面，学校积极探索多元化的课程体系，以满足学生多样化的学习需求。除了国家课程，学校还开设了一系列校本课程和实践课程，如科学实验、编程、艺术等。这种多元化的课程设置不仅丰富了学生的学习体验，也培养了他们的综合素质和社会实践能力。通过提供更多的选择，学校鼓励学生积极参与不同领域的学习，激发他们的学习兴趣和潜力。

学校积极推进项目式学习实践，鼓励学生主动探究、自主学习。学生在项目中面对实际问题，需要积极应用所学知识寻求答案，这就有效地培养了学生的创新思维和批判性思考能力。项目式学习不仅关注知识的传授，还强调学生的问题解决能力和知识的实际应用能力，使学生在解决问题和应对挑战时更加自信。

德育在学校的教育体系中占据重要地位。学校将培养学生的良好品德和行为习惯作为首要任务。通过每周的升旗仪式、主题班会等形式，学校进行爱国主义教育和行为规范教育。此外，学校还推行"德育导师制"，为每个学生分配一位德育导师，确保学生在学习和生活中得到及时、有效的支持。德育不仅关注学生的外在行为，也注重其内在修养，培养学生的道德情感、社会责任感和公民意识。

社会实践活动也是学校深化教育教学的重要组成部分。学校通过开展各类社会实践活动，如志愿者服务、社区服务等，帮助学生了解社会、关注他人，培养他们的社会责任感和公民意识。社会实践活动让学生走出课堂，亲身体验社会生活，将理论知识与实际问题相结合。通过参与社会实践，学生不仅获得了宝贵的人生经验，还培养了领导能力和团队协作能力。

（二）营造良好的校园文化

学校校园文化的建设对学生的学习和生活有着深远的影响。为了营造良好的校园文化，学校采取了一系列措施。

校园活动是校园文化的重要组成部分。学校定期举办各类校园活动，如运动会、艺术节、科技节等，为学生提供了展示自己的才艺和潜力的舞台。通过参与这些活动，学生不仅能够锻炼自己的表现能力，还增强了自信心和团队精神。校园活动丰富了学生的课余生活，使校园充满了活力和欢乐。

学校还重视校园环境的建设。美丽的校园景观和丰富的橱窗文化都能对学生的成长产生积极的影响。一个整洁、美丽的校园有助于培养学生的良好习惯和环保意识，提高学习和生活的品质。同时，学校为学生提供良好的学习设施和舒适的生活环境，确保他们能够安心学习和生活。

学生自主性是校园文化建设的重要内容之一。学校鼓励学生自主组织社团活动和兴趣小组，培养他们的自信心和团队合作能力。学生可以根据自己的兴趣和特长选择参加不同的社团，参与各种活动。这种自主性的组织和参与不仅有助于学生全面发展，还培养了他们的领导潜力和创新能力。学校注重培养学生的自主性，让他们能够独立思考和解决问题，为将来的职业和社会生活做好准备。

（三）强化家校合作与优秀教师队伍建设

家校合作与教师队伍的培养和发展是学校综合治理的关键因素，对学生的成长和发展起着重要作用。

在家校合作方面，学校重视与家长的沟通和合作。定期举办家长会、亲子活动等，加强学校与家庭之间的联系。这些活动让家长更好地了解孩子在学校的学习和生活情况，也为学校进一步优化教育教学工作提供参考。此外，学校还成立了家长委员会，定期组织家长参与学校管理和教育工作，形成家校共同育人的良好局面。家校合作不仅促进了学校和家庭之间的互动，还为学生提供了更多的支持和关爱。

教师队伍的培养和发展是学校的另一个重要任务。教师是学生成长过程中的重要引导者。学校注重教师的专业素质和师德师风建设。新教师入职后，会接受系统的岗前培训，并以师徒结对方式得到经验丰富的老教师的指导。同时，学校鼓励教师参加各类教育教学比赛和培训活动，提高教育教学水平。此外，学校还注重教师的心理健康和职业发展，提供了一系列心理辅导和职业培训，帮助教师解决工作和生活中的问题。学校致力于打造一支高素质、高水平的教师队伍，为学生提供更优质的教育服务。

通过加强学校综合治理，落实依法依规办学，学校在多个层面积极推动学生教育和优秀人才的培养，弘扬法治精神，建设和谐校园，为学生的全面成长和未来发展提供了坚实的基础。学校强化内部管理，提高治理水平，在深化优质教育教学、营造良好的校园文化、强化家校合作与优秀教师队伍建设等方面开展实践。学校注重学生教育，培养优秀人才，不仅关注学生的知识和能力培养，还注重他们的品德和社会责任感的培养。通过持续努力和创新，学校将不断提高教育质量，为培养更多的优秀人才、为社会的进步和发展贡献力量。

第四节　落实绩效考核奖励，优化学校激励机制

在努力实现教育高质量发展的当下，发挥绩效考核的杠杆作用、形成完善的激励机制，成为学校发展的重要任务。我们在加强师德师风教育的同时，也要考虑不同教师工作岗位的工作量、教育教学能力、教育实效、

学生培养等多方面因素，要建立科学完善的绩效考核方案，从而实现多劳多得、优劳优酬的绩效考核目标，让广大教师肯做事、能做事、做成事，切实在为党育人、为国育才的基础教育实践中奉献自己的聪明才智，真正实现教书育人、为人师表。

一、落实绩效考核的政策要求

中共中央、国务院印发的《深化新时代教育评价改革总体方案》明确提出：完善中小学教师绩效考核办法，绩效工资分配向班主任倾斜，向教学一线和教育教学效果突出的教师倾斜。《义务教育质量评价指南》明确提出评价要求：依法保障教师工资收入水平，合理核定学校绩效工资总量，完善学校绩效工资分配办法，绩效工资增量主要用于奖励性绩效工资分配。

《上海市教育委员会、上海市人力资源和社会保障局、上海市财政局关于进一步加强中小学绩效工资管理的指导意见》要求优化分配机制，进一步强化激励、搞活分配，崇尚多劳多得、优绩优酬。要利用增量契机优化分配结构，坚持增量撬动存量，进一步加大绩效考核和搞活绩效工资分配力度。工作量的计算和绩效考核要科学合理，注重向一线教师、骨干教师、乡村教师、班主任和做出突出成绩的教职工倾斜，向工作量大、责任重、业绩优秀的教师倾斜。

二、发挥绩效考核的导向作用

《教育部关于做好义务教育学校教师绩效考核工作的指导意见》指出，要高度重视绩效考核结果的合理运用，绩效考核结果要作为绩效工资分配的主要依据。要根据绩效考核结果，合理确定奖励性绩效工资分配等次，坚持向骨干教师和做出突出成绩的教师倾斜，适当拉开分配差距。绩效考核结果也要作为教师资格认定、岗位聘任、职务晋升、培养培训、表彰奖励等工作的重要依据。《上海市教育委员会、上海市人力资源和社会保障局、上海市财政局关于进一步加强中小学绩效工资管理的指导意见》提出：要激励广大教师提高教书育人的境界；激励广大教师积极参与和承担综合改革任务，积极投入教育综合改革和高考改革；激励优秀教师发挥优质资源的优势，积极承担培养和带教任务；激励广大教师积极投入教育对口支援和合作交流工作中，积极参与学区化、集团化办学；激励广大教师扎根乡村教育；激励教师在学校其他教育教学工作中做出突出业绩。政策文件提出了明确的考核要求，绩效考核成为评价教师教育教学工作的重要手段。学校要发挥绩效考核的导向作用，努力做到多劳多得、优劳优酬，推动教师潜心投入教育教学工作，聚焦课堂教学实践和学生成长培养。同时，通过绩效考核，充分激发教职工的工作积极性，激励广大教师自觉参与教育实践，认真履行教育教学职责，在各种活动和项目中发挥自己的才干，不断提升学校教育教学的实效。

三、科学制定绩效考核方案

基层学校要根据上级政策要求，科学制定学校绩效考核方案，充分发挥管理团队的作用，落实条线绩效考核，提升考核工作的科学性、针对性、实效性。

（一）加强教师教育能力的考核

每个教师都是德育工作者，要深入推进全员导师工作，推动教师切实提升教育能力，提高教师教书育人的工作实效。班主任教师要发挥模范作用，关爱学生的成长和发展，深入了解学生情况，及时了解学生需求，正确把握学生的学习困难和成长问题，提供及时有效的教育指导，真正做好理想引导、学习辅导、生活教导、职业指导、人生向导。要细化班主任教育考核的指标，全面落实学生行为习惯培养、学习方法指导、生活能力培养、思想心理疏导、班级集体建设、家校教育协同、成长道路引导，通过细化指标体系考核班主任工作。学科教师要加强学科育人工作，不仅要落实基础知识和基本技能的教学，还要落实学生思想品格的塑造和锤炼，引导学生认真学习、独立作业、及时订正、自觉复习、积极反思、探索问题、应用实践，在日常的教学中强化学生的思想教育，切实履行为党育人、为国育才的光荣使命。

（二）加强教师教学能力的考核

要切实加强教师教学能力的考核，努力培养更多学生喜爱的教师。要考核教师的教学实践工作，鼓励教师认真研读课程标准，正确把握教材要求，积极开展单元教学实践，不断优化课堂教学活动。要关注学生的学习需求，创设丰富多彩的学习活动，激励学生认真学习、专心听讲，激发学生的探究思维，让学生提出不同的问题，积极寻找解决问题的方法。要制定科学的学习质量考核指标，考虑不同年级学生的学习基础，考虑不同班级之间的差异，不仅要比较整体的学习成绩，还要比较各班的进步和落后情况，形成更加科学规范的考核指标。要根据学生不同方面的发展和提高进行考核奖励，认可学生的点滴进步和教师的用心付出。要激发教师扎根课堂、服务学生的工作热情，推动教师积极进行教学探索，依托教学考核促进教师工作的进步。

（三）加强教师专业发展的考核

要切实加强教师专业发展考核。教育不是简单的重复，不是单纯的知识传授，不是机械的思想教育，教育是一门科学、一门艺术，是一项事业，需要教师具有扎实的专业能力和较高的专业水平。教师要加强教育理论的学习，掌握科学的教育理论，广泛了解教育技术，不断提升自身的思想认识、转化自己的教育观念。教师要能够更好地了解不同年龄阶段学生的心理特点，更好地理解学生的学习需求和学习困难。教师要加强教学方法的改进，努力实现与时俱进，熟练应用现代信息技术，发挥学生的主体作用，创设各种形式的学习活动，为学生提供广泛的学习实践机会，引导学生掌握知识，并实现对知识的应用和实践。

（四）加强教师教育研究的考核

要切实加强教师教育研究的考核。教师不能简单重复日常的教育教学，要根据时代发展和政策要求，积极寻找教育教学中遇到的问题和困惑，开展教育科学研究，分析纷繁复杂的现象和问题，从中找出核心的矛盾，开展系统的分析，得出科学的研究结论；运用系统思维的方法，制定解决问题的方案，展开实践，观察实践的效果，总结形成科学合理的研究报告。学校要督促教师积极开展教学反思，运用信息技术记录教学过程，分析教学活动设计是否科学，分析学生活动是否充分，分析教学的核心问题，分析是否及时了解学生的学习反馈，分析是否进行教学引导和点拨，从而提升教师教学研究的能力。要引导教师关注学生的学习活动，关注学生是否参与学习活动，是否准确领会活动的要求，是否深入思考学习问题，是否找到了问题的解决思路，是否积极获取老师和同学的支持与帮助，从而使教师在引导学生和教育学生上更有方法、更有实效。要组织开展各种形式的教育科研活动，组织教师申报研究课题、开展课题研究，邀请专家点评，寻找研究的路径和方法，努力形成相关的研究报告。要通过考核推动教师的教育科研，如通过量化考核激励教师的教育科研，并通过成果交流提升教师教育科研的水平和能力。

（五）加强教师学生培养的考核

在落实学业质量考核的基础上，要加强学生培养的考核，通过考核制度推动学生的个性发展和特长培养。要充分运用课后服务和周末时间，组织开展各种类型的活动。要发挥教师的专业特长，开发各种活动项目，根据活动需要，让教师自主申购活动材料。开展学生招募活动，吸引有兴趣、有爱好的学生参与项目学习。要形成系列的活动项目，从体育、艺术、科创、劳技等方面开展活动，向学生提供各种学习与训练机会，鼓励项目团队参与市区级比赛，拓展学生学习交流的范围，展现学生学习训练的水平，争取学生特长发展的荣誉。要针对教师培养学生的情况，开展专项的考核和奖励，肯定教师的教学探索和工作付出，激励教师关注学生的个性发展和能力提升，逐步打造学校的特色项目，使其成为学校吸引学生、扩大影响、展现特色的有效途径。

四、深入推进绩效考核奖励

（一）深入推进学校民主管理

在绩效考核上，要深入推进学校民主管理。要发挥教代会的作用，集体研讨绩效考核方案，听取不同学科、不同年段、不同群体、不同类别教师的意见和建议，给予教师充分的参与学校管理、优化学校管理的机会和途径，充分激发教师的工作热情，充分肯定教师的工作实绩，充分发挥教师的集体智慧。要发挥基层团队的作用，给予年级组长、学科组长足够的考核权，组织组长根据绩效方案开展考核，让考核工作更加透明、公开、公正，避免考核工作集中在少数人身上，避免考核工作不透明，切实发挥绩效考核的导向作用。要及时了解教师的意见和建议，发现考核中的问题和不足，了解教师们普遍关注的问题，掌握教师们最强烈的意见，围绕学校教育教学的中心工作，有序推进绩效考核，让绩效考核体现大多数人的意见和要求，让绩效考核始终处在有序实施和动态调整中，让学校管理更加科学，避免少数领导说了算、多数群众不了解、部分人员意见大的情况出现，让学校的绩效考核充分体现现代学校管理制度的要求。

（二）充分发挥绩效考核的作用

要充分发挥绩效考核的作用。我们不能做老好人，一味地追求均衡，过度地满足教师的浅层要求，忽略优秀教师的付出，忽略教育实绩的要求，要通过绩效考核让教师们动起来。我们不能满足于完成任务，不能把绩效混在一起，使其无法体现工作数量、工作质量、工作付出的差异。要及时开展专项考核行动，通过专项的考核，科学量化考核的不同数据，及时奖励优秀的教职工。我们要公开征求教师对工作岗位和工作负荷的意见，让教师发出自己的声音，让教师主动参与教育教学实践，全面树立绩效考核优劳优酬、多劳多得的考核思想。

（三）推进绩效考核综合行动

要努力推进绩效考核综合行动。做好日常工作的考核，给部门主任赋权，根据条线工作的需要，让主任自主组建工作团队，自行研讨工作专项措施，自主开展各项活动，自主开展工作绩效考核，让项目团队有干劲、有方法、有措施、有实效，切实优化学校的教育管理和活动组织。做好专项工作的考核，及时收集专项工作的信息，特别是师生参赛获奖的数据，根据学校的绩效考核方案，及时开展考核奖励，更好地鼓励优秀的学生和教师。及时落实考核的工作要求，充分体现考核的准确性和规范性，减少教师之间无谓的比较和教师心态的失衡。做好期末综合性绩效考核，充分考虑教职工的工作付出，有效地考核教职工的工作态度，科学地比较教职工的工作负荷和出勤情况，突出工作月份、工作岗位、工作任务的考核，让考核项目简单明了、考核数据准确客观、考核流程公开透明。通过不同形式的考核，逐步形成绩效考核的综合体系，兼顾工作的各个阶段、不同要求、数据情况，从而形成有效的绩效考核奖励制度。

（四）实现绩效考核动态发展

绩效考核奖励要根据政策要求和形势变化进行动态调整，不能一味沿用旧的方案。随着教育改革的深入推进，面对新的要求和任务、新的挑战和变化，学校管理团队要有清醒的思想认识，要有充分的心理准备，要有具体的应对举措。教职工要认真学习绩效考核方案，正确把握绩效考核的本质要求，积极开展教育教学活动，努力提升教育活动的实效。

学校要根据绩效方案的要求，认真落实考核项目的计算，正确计算每个教师相关的数据，充分考虑教学成绩变化的原因和过程，努力实现精准考核评价。要听取考核奖励的信息反馈，了解教师们最关心的因素，找准教师们主要的想法和问题，实现考核方案的逐步细化和不断完善，努力体现考核奖励的科学性、客观性与公正性。

第四章　课程建设：素养立意，"博雅"课程

第一节　基于"博雅教育"目标，系统规划学校课程

我们要认真落实"双新"课程的工作要求，准确把握新课程方案的精神内涵，围绕学科课程标准，扎实推进学校课程建设。要认真做好国家课程的校本化实施，积极落实地方课程建设，全面推进校本课程实施行动。上经贸大附校要围绕学校"博雅教育"的办学目标，针对学生和教师的培养要求，系统规划学校课程，确保学校课程建设的规范实施和深入推进。学校要发挥上海对外经贸大学的资源优势，努力培养"学识广博、品行高雅"的附校学生，积极打造一所高质量、轻负担、有特色的品牌学校。学校依托大学优质资源，立足区域特色文化，发挥教师专业特长，积极推进博雅课程建设，努力形成"品美－人文社会、创美－科学技术、健美－体育健康、尚美－艺术审美、育美－生活实践"五大系列课程。学校科学制定发展规划，积极推进特色课程建设，开展学生综合实践活动，努力促进学生全面发展、健康而有个性的成长。

一、清楚认识学校课程建设基础条件

（一）作为上海对外经贸大学唯一的附校，拥有资源优势

大学领导高度重视附校建设和发展，委派专家团队和管理团队，制订地校共建计划，帮助附校开发经贸文化，以及以中外文化、外语教学为特色的系列课程，以信息化建设为手段，深化教学改革，促进学校内涵发展。学校积极承担各项活动，组织学生参与大学校庆展演、新年晚会等专项活动，联合举办中外学生国际交流日活动，展现出附校的资源优势和发展水平。

（二）松江新城的发展为学校后续发展提供有力支撑

学校位于松江新城的核心区域，永丰街道正积极打造历史仓城、科技影城、枢纽新城的松江三张名牌，在办学的政策支持、条件改善、队伍发展等方面都具有积极的推动和影响作用。街道重视附校的发展，积极改善学校周边环境，推动区校共建行动，努力打造家校社协同育人机制。

（三）环大学城教育高地学校建设推动学校发展

松江区充分运用大学城资源，深入推进大学附校建设，目前已经有20所大学附校。松江区教育局关心大学附校的发展，提供专项经费支持，鼓励学校特色创建行动，为学校提供一流的教育设施、整洁优美的校园环境。客观条件和学校积极向上的办学目标相契合，正逐步推进学校的进一步发展。

（四）积极向上的教师群体为课程建设奠定扎实基础

学校教师队伍团结协作、奋勇争先，体现了强烈的创业意识、发展意

识和服务意识。学校教师队伍年轻有为，平均年龄为 30.8 岁，硕士研究生占 47.3%，党员教师占 49.55%。他们本体知识扎实，现代教学技术强，充满活力，热爱教育事业，具有较高的可塑性和发展潜力，成为学校教育教学发展的生力军，为学校课程建设奠定扎实基础。

二、正确把握学校课程建设的客观需求

（一）课程整体规划能力有待提升

学校管理团队比较年轻，缺乏足够的课程实施的领导经验。工作有热情，能够积极推进具体的项目实施，但是缺乏整体规划的能力，往往聚焦于细节与局部，整体架构和系统推进的意识不强。具有提升课程实施水平的愿望，但是缺乏有效的抓手，需要专业的支持和引导，在整体规划上进一步加强和提升。

（二）教师新课程理念需要培养

教师掌握传统的课程理念，能够在知识与内容、过程与方法、情感态度与价值观上落实三维目标，但是往往对基于学生素养培养的课程教学缺乏正确的理解，无法准确领会新课程的要求，更不知道具体的措施和方法。教师要加强新课程理念培训，落实对课程理念的理解和内化。

（三）教师课堂教学方式有待完善

教师聚焦知识学习、能力培养的课堂教学方式需要进一步完善，要落实学生的学科素养的培养，在课堂教学上有所改进，关注学生的学习体会和实践感悟。要落实学生的学习活动与学习训练，推动学生的独立思考和自主发展。课堂教学要关注学生的思维能力和道德品质的培养。

（四）学校特色课程建设有待加强

学校借助大学的资源，在创建高质量、轻负担、有特色的学校上进行了深入实践，但是没有突出大学的重点课程，没有全力加强经贸课程、中外文化课程的实施。要真正打造大学附校特色，真正形成特色课程，就需要开展深入的探索和实践。

（五）家校共育课程建设需要加强

有些学生家长缺乏家庭教育能力，家庭教育意识淡薄，往往只满足学生的基本生活要求，缺乏对学生发展的规划和指引。学校要找准家庭教育的短板，深入推进家校共育课程建设，加强家长学校的建设，强化对学生家长的培训与指导。要发挥家委会的作用，引导家长更多地关心自己的孩子，鼓励家长积极开展亲子系列活动，努力形成家校共育的合力。

三、科学制定学校课程体系

学校认真落实"博学善思，惟精惟一"的办学理念，实施"自主规划、自主学习、自主管理、自主评价、自主调整"的"五自"教育，关注"学会学习、学会运动、学会交流、学会合作、学会创造"五项能力，努力实现"生活自理、行为自律、安全自护、学习自主、文明自觉、理想自信"的"六自"目标，用心培育"学识广博、品行高雅"的博雅学子，引导学生成为有本领、有理想、有担当的时代新人。

学校课程由国家课程、地方课程和校本课程三种课程组成。国家课程和地方课程为必修课程，占90%；校本课程为选修课程，占10%（如图4-1）。

学校还根据"博雅"教育总目标，确立"博雅"德育目标，构建"博雅"德育课程体系。确立"四li"培养目标："礼、立、理、励。"礼，即文明礼仪、诚信感恩；立，即自我管理、自理自立；理，即理想信念、社会责任；

励，即励志好学、生涯规划。学校"博雅"德育课程也分为雅行、雅心、雅志系列。雅行，即行规养成课程、主题教育课程；雅心，即文明礼仪、志愿服务课程；雅志，即励志讲坛、行走系列课程等。

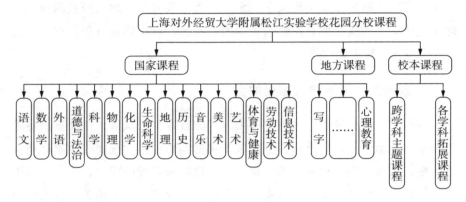

图 4-1　课程设置

学校还积极推进主题式综合实践活动，提供实践探索，形成了研学行走系列：走社区，看民生；走家乡，看变化；走中国，长见识。生活科学系列：生活中的科学、生活中的化学、生活中的金融等。科技创造系列：智能机器人、计算机编程、3D 打印、智慧城市等。生活成长项目：学习计划行动、学习方法指导、青春励志行动、中考冲刺行动。提供丰富多彩的活动计划，推进学生的健康成长和全面发展。

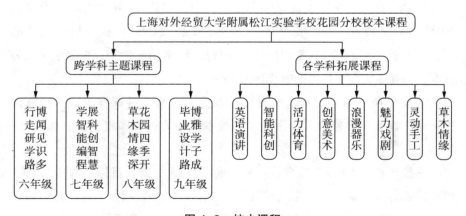

图 4-2　校本课程

第二节 以学生发展需求为导向，构建"五美"校本课程体系

学校校本课程建设不是空中楼阁式的建设行动，而是需要关注学生的发展需求，努力使课程适合每一个学生，让学生乐于投入课程的学习与实践。校本课程建设不能一味追求高大上，而要落实学校的办学理念，要为学生的发展创造有益的学习活动。在校本课程建设中，学校要充分发挥区域资源的作用，为校本课程提供充足的条件；要深入挖掘学校的师资优势，组建校本课程实施的专业团队；要主动对接相关部门和团体，取得他们的支持和帮助，切实提升校本课程的专业水平和实施能力。

一、构建学校特色的"五美"课程体系

基于学生发展核心素养，以学生发展需求为导向，学校构建"五美"校本课程体系，包括人文社会、科学技术、体育健康、艺术审美、生活实践五大课程模块（如图 4-3）。

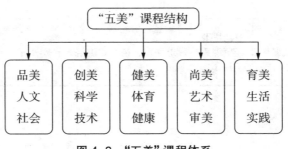

图 4-3 "五美"课程体系

人文社会课程引导学生学习中外文化，培养学生的文化意识、家国情怀；科学技术课程引导学生学习、思考、探索科学技术，培养学生的科学精神和创新素养；体育健康课程引导学生强化技能学习和体育活动，培养学生的健康身心和运动能力；艺术审美课程引导学生感受美、鉴赏美、创造美、表达美，培养学生高雅的审美情趣；生活实践课程引导学生积极参与社会实践，培养学生的社会责任感和合作共赢意识。

二、完善"五美"课程的丰富内容

表 4-1 "五美"课程内容

课程模块	课程名称
品美 – 人文社会课程	语文、英语、道德与法治、历史、社会 绘本阅读、经典阅读、外语口语、辩论、演讲、中外文化
创美 – 科学技术课程	数学、物理、化学、自然科学、信息技术、生命科学、地理 思维训练、机器人、人工智能、媒体素养、博物城堡、奇思妙想、科学探究、模型制作
健美 – 体育健康课程	体育、心理 棒球、排球、足球、篮球、射箭、花样跳绳、健美操、轮滑、象棋
尚美 – 艺术审美课程	音乐、美术 合唱、手风琴、民乐、行进乐、舞蹈、戏剧、织艺、沥粉画、水粉画、素描、书法
育美 – 生活实践课程	劳动技术 经贸课程、行走课程、茶艺、烘焙、节日教育、主题教育、习惯教育

三、关注学生发展，落实基于日常生活的课程建设

（一）培养独立意识，强化生活能力教育

针对现代学生的家庭教育现状，我们强化了学生生活能力的教育。从开学第一天起，我们就要求学生自己背书包、自己独立进校园，谢绝家长护送，走好成长第一步。我们要求学生学会整理书包，能够有序地放置学习用品。要求家长配好雨具，学生自己撑伞、收伞，雨天独立进校。要求学生学会打扫教室，回家自己洗涤小物品，能够解决自己的事情。

（二）培养责任意识，强化行为习惯教育

我们根据学生的年龄特点，强化学生行为习惯教育。每天进校要主动问好，学会尊重师长和同学。集体活动时养成排队习惯，依次参加各种活动，禁止插队抢先。午餐时间自己分发餐盒，保持餐厅安静，餐后自觉倾倒残渣，整理餐具。值日队员牢记工作职责，及时检查包干区，及时打扫教室，保持教室卫生整洁。

（三）培养自觉意识，强化学生习惯教育

根据地区家庭教育现状，我们加强学生学习习惯的培养。早上组织学生开展每日一练，利用空闲时间检测学习情况，使学生养成珍惜时间的好习惯。组织特长学生开展专项训练，进行器乐演奏、体育训练、经典诵读等活动，让学生自由地学习与生活。我们制定分年级课堂学习习惯系列标准，要求每个学生对照标准，逐步养成良好习惯，不断规范自己的学习行为。我们举行学习习惯交流活动，让每个学生进行总结梳理，讲述自己的好习惯，影响身边小伙伴，自觉争做好少年。

（四）培养合作意识，强化社会交往教育

我们强化学生社会交往教育，号召学生每学期交一个好朋友，每月找一个小伙伴玩耍，每天和同伴说说心里话，让学生逐步养成社会交往的习惯。号召家长带着孩子开展行走课程，从家乡起步，走向天南海北，走向五洲四海，了解风俗文化，了解饮食习惯，学会交流沟通，逐步培养他们的合作意识。

（五）培养开放意识，强化中外文化教育

我们依托上海对外经贸大学，强化中外文化教育。邀请大学专业团队，开发中外文化校本课程，开展中外文化学习活动。讲述不同国家的历史文化，介绍不同国家的建筑和风光，学习不同国家的文学著作，逐步培养学生的开放意识。我们邀请留学生团队走进每个班级，给孩子们讲述家乡的故事，解答孩子们的问题，与孩子们一起表演文艺节目，与孩子们交换礼物。通过各种活动，让学生了解世界、了解社会，逐步养成相互合作、守望相助的人类命运共同体精神。

四、满足学生需求，落实多元的综合实践课程建设

（一）基于健康需要，开发运动系列课程

为了提高学生的身体素质，培养学生体育运动的习惯，提升学生体育运动能力，学校积极开展运动系列课程。针对教师的爱好特长，我们开展了棒垒球项目，成为全国棒垒球实验学校；针对教师的专业特长，我们开展了排球项目，得到了区教育局专项支持；依托上海对外经贸大学的特色项目，我们开展了射箭教学，成为清华大学礼学研习基地学校；针对学生的年龄特点，我们采用购买社会服务的形式，开展了轮滑、羽毛球等培训活动。我们还广泛开展花样跳绳、健美操等各类体育项目。

（二）基于审美需要，开发艺术文化课程

为了提升学生的艺术修养，引导学生学习、欣赏、创造美，学校积极开展艺术文化课程。根据手风琴全国比赛冠军的师资优势，我们组建了手风琴社团，经过一年时间的磨练，学生荣获手风琴国际比赛一等奖。根据松江区百姓明星的资源优势，我们组建了鼓号队、行进乐队，建立了两个颇具规模的学生社团。根据美术学科教师的专业优势，我们组建了壁挂、沥粉画、素描、书法等专业社团，经过一年时间的努力，我们成为上海市书法实验学校。随着学校的积极推动，艺术学习全面普及，学生作品不断涌现，学生的艺术审美能力得到了充分的培养和发展。

（三）基于发展需要，开发科技创新课程

为了提升学生的科技素养，开拓学生学习、体验科技的路径，学校积极开发科技创新课程。利用校级社团活动时间，组织学生学习虚拟机器人知识，在不断的学习训练过程中，逐步培养学生的创新意识和实践能力。2017 年，3 名学生荣获全国虚拟机器人比赛一等奖。我们借助专业公司的力量，积极开展创客工场建设，开展机器人写字、绘画的探索，目前项目正在逐步推进中。视频制作社团围绕学校的重点工作，开展微视频制作工作。在老师的指导下，同学们积极参与视频拍摄工作，先后完成《上学路上》《向十九大献礼合唱》《走进上经贸大附校》等系列视频，得到社会的高度认可和一致好评。

（四）基于传承需要，开发经典文化课程

为了传承民族文化，提升学生的人文素养，学校积极开发经典文化课程。朗诵社团在老师的指导下，学习各种经典文化：学习《观德亭记》，了解古代射艺的深邃思想；学习《第六十七封信》，感受两岸同胞的骨肉情怀。学生在走进经典的过程中，不断吸收丰厚的民族文化的精髓。语文组的老师根据学生的需求，积极开发经典文化校本课程，梳理学习篇目，提供学习时间，组织诗词比赛，展现文化魅力，在持续的工作中深入地传承传统文化。

（五）基于素养需要，开发实践活动课程

为了提升学生的核心素养，培养学生的必备品格和关键能力，学校积极开发实践活动课程。利用学校思源讲坛，开展职业面对面专题活动。依托家委会的力量，邀请不同职业的代表进行介绍并与学生对话，让学生了解不同行业，逐步培养学生的职业认同感。利用寒暑假，依托家长的力量，开展了行走系列课程，即走进家乡、走进天南海北、走进异国他乡三个系列。学生在学习中外文化的基础上，走进不同的地区，品尝不同的美食，体验不同的生活，了解不同的历史文化，结识不同的朋友。通过这些活动，逐步培养学生的家国情怀、国际文化交流和合作意识。

五、立足学生视角，探索基于问题的项目学习

（一）关注自然，探究环境问题

我们引导学生关注自然现象，积极探究环境问题。气象社团得到了区气象局的支持，开展了各种形式的气象学习活动。气象大篷车开进校园，学生们得到全面学习气象知识的机会。在老师的指导下，围绕气象问题，孩子们展开探究，对风雨雷电等现象进行探索，纷纷拿出自己的探究报告。学生在老师的组织下，开展科普专项剧目的排演，经过层层选拔，荣获上海市优秀科普剧目的佳绩。

（二）关注社会，探究生活问题

我们引导学生关注社会，积极探究生活问题。在新学校建设中，学校组织学生们到施工现场参观。学生们根据自己的见闻，提出了各种问题：工地使用了哪些节能材料？建筑的防震等级怎么样，是如何做到防震的？建筑内部有异味吗，怎么消除异味？新校舍的通风除味怎么做，应开展怎样的检测？工地的工程师一一进行了解答。指导老师要求学生确定自己的

探究问题，采用探究活动的形式，去完成自己的探究报告。在关注社会、关注生活的过程中，学生拓展了学习的渠道，进一步了解社会，逐步成为生活的小主人。

（三）关注自我，探究心理问题

我们引导学生关注自我，积极探究学生的心理问题。在教师的指导下，学生开展了健康课程的学习。通过系统的教学，逐步丰富学生的知识，让学生清晰地了解心理现象。针对学生的实际，教师开发了心灵密码校本课程，组织学生进行心灵密码的解读，引导学生思考心理现象，查找解决心理问题的方法，形成心理干预和矫正的措施。在循序渐进的教学中，帮助学生了解自我、了解他人，帮助学生学习科学、学会调适，让学生在完成探究任务的过程中，逐步走向健康的心理世界，成为阳光开朗的时代少年。

我们深入推进"双新"课程行动，关注学生的发展需求，挖掘区域资源和教师专业优势，积极推进校本课程实践，努力构建系统的校本课程体系，落实学生的活动实践，不断丰富学生的校园生活，努力促进学生的全面发展和健康成长。

第三节　聚焦学生核心素养发展，深入推进综合实践课程学习

为不断提升学生的"学会学习、学会运动、学会交流、学会合作、学会创造"五项能力，聚焦学生核心素养发展，满足学生多元发展的需要，学校充分依托大学优质资源，立足区域特色文化，发挥教师专业特长，系统推进学校"双新"课程建设。聚焦学生的核心素养发展，深入实施综合实践课程，拓展学生的课程学习内容，丰富学生的课程学习方式，为学生提供广

泛的实践机会和实践活动，从而促使学生全面发展、健康而有个性地成长。

　　《中小学综合实践活动课程指导纲要》明确指出：综合实践活动是从学生的真实生活和发展需要出发，从生活情境中发现问题，转化为活动主题，通过探究、服务、制作、体验等方式，培养学生综合素质的跨学科实践性课程。

　　初中阶段具体目标是：（1）价值体认。积极参加班团队活动、场馆体验、红色之旅等，亲历社会实践，加深有积极意义的价值体验。（2）责任担当。观察周围的生活环境，围绕家庭、学校、社区的需要开展服务活动，增强服务意识，初步形成对自我、学校、社区负责任的态度和社会公德意识，初步具备法治观念。（3）问题解决。能关注自然、社会、生活中的现象，深入思考并提出有价值的问题，将问题转化为有价值的研究课题，学会运用科学方法开展研究。（4）创意物化。运用一定的操作技能解决生活中的问题，将一定的想法或创意付诸实践，通过设计、制作或装配等，制作和不断改进较为复杂的制品，发展实践创新意识和审美意识，提高创意实现能力。

　　在活动实施阶段，教师要创设真实的情境，为学生提供亲身经历与现场体验的机会，让学生经历多样化的活动方式，促使学生积极参与活动过程，在现场考察、设计制作、实验探究、社会服务等活动中发现和解决问题，体验和感受学习与生活之间的联系。要加强对学生活动方式与方法的指导，帮助学生找到适合自己的学习方式和实践方式。教师指导重在激励、启迪、点拨、引导，不能对学生的活动实践包办代替，还要指导学生做好活动过程的记录和活动资料的整理。

一、扎实推进综合实践活动

（一）寻访年味主题实践

　　寒假期间恰逢农历新年，民族传统节日是中国文化不可缺少的一个重要组成部分。春节前后有许多习俗，正是学生们探寻"年味"的最佳时机。

大队部组织各中队队员一起探寻自己家乡的年味，传承中华情，继承和弘扬优秀传统文化。"腊月二十四，掸尘扫房子。"按民间的说法，"尘"与"陈"谐音，新春扫尘有"除陈布新"的含义，用意是把穷运、晦气统统扫出门。每逢春节，家家户户都要打扫环境，清洗各种器具，拆洗被褥窗帘，洒扫六间庭院，拂去尘垢蛛网，疏浚明渠暗沟。同学们个个都是家务小能手，和爸爸妈妈、爷爷奶奶一起把屋里屋外打扫得干干净净。新年期间到处洋溢着欢欢喜喜搞卫生、干干净净迎新春的欢乐气氛。年夜饭，又称年晚饭、团年饭、团圆饭等，特指年尾除夕（春节前一天）的阖家聚餐。我们中国人的年夜饭是家人的团圆聚餐，这顿聚餐也是一年中最重要的一顿晚餐，家家户户中亲朋好友都聚在一起吃一顿热气腾腾的年夜饭，祈愿新的一年万事顺意。孩子们积极投入年夜饭的准备活动中，穿梭在厨房和餐桌之间，一道道美味的菜品、一份份年夜饭菜单都是同学们辛勤劳动的成果，也是大家对年味的记忆。那些定格的照片、生动的视频将这份"年味"留存在我们心中，这份温馨的记忆也体现着优秀传统文化代代相传。

（二）"童"游盛世中国主题实践

在六一儿童节当天，班级家委会和大队部携手，合作开展"'童'游盛世中国，'经'彩花样六一"活动。孩子们的活动以"游览壮美中国，感受城市变迁"为主题。附校学子们手持地图和"经贸币"漫步在各个"城市"之间，通过宣传画报、风情展示、互动体验等方式了解各个城市的风土人情，感受祖国的大好河山。学校少工委还选取了嘉兴、南昌、井冈山等具有特殊意义的城市，让孩子们感受城市变迁的同时，了解党和国家发展中的特殊时刻，更加珍惜幸福美好的生活。

（三）体验图书义卖活动

中学部同学在六一儿童节当天，由学校大队部组织，自主开展书香校园花园书市义卖活动。孩子们捐出自己心爱的图书，制作了图书推荐小书签，讲述图书的动人故事，分享自己的阅读感受，热情推荐自己心爱的图书。"出售文艺，收获青春。"一声声吆喝中，每个班级都开设了自己的书屋摊位,同学们积极开展义卖活动,通过各种宣传方式售卖图书和手办等。人流络绎不绝,文化不断交汇和碰撞,孩子们在文学的世界里相知相识,不仅感受到义卖活动的特色,而且丰富了自己的阅读视野,在校园活动中得到历练与成长。

(四)自强自立劳动主题实践

在五一劳动节假期,上经贸大附校教育集团开展以"领巾爱劳动,实践促成长"为主题的系列活动,学生们开展红领巾清洗行动、书本整理行动、美食烹饪行动、劳动妙招分享行动、家庭安全卫士提示行动等。学校让孩子们利用节假日,学习劳动技术,参与劳动实践,分享劳动技能,帮助孩子们培养劳动意识,训练劳动技能。有效的节日活动推动学生实现自立自强。

二、积极探索综合实践课程

(一)经贸课程:数学节活动

为了探索适合学生未来成长的高效学习方式,引领学生在真实情境中发现问题、提出问题、分析问题和解决问题,全面提升学生核心素养,上经贸大附校数学组聚焦各年级数学核心知识和能力,并融合生活中的经贸知识,创设真实的活动情景,各年级数学老师紧密结合教材,挖掘生活中常见的经贸素材和知识,依据各年段的学生认知特点,带领学生以主题活动和项目化学习的方式,开展"快乐'经贸',勤学'蓄才'——博雅经贸节"系列活动。一、二年级分别以"人民币中的秘密""玩转丝绸之路"为主题开展游戏化的经贸活动;三年级模拟投资情景,进行"供求关系"知识建构,开展"农作物的交易"活动;四、五年级以真实问题为载体,开展以"我的零花钱我做主"和"票据中的秘密"为主题的项目化学习活动。学校让孩子们在玩中思、探中学,让数学文化和经贸文化浸润校园、走进生活,全面提升学生的经贸能力和核心素养。

（二）经贸课程：研学行动

学校"经贸大亨　影视小镇"系列研学课程以"行、品、创、现"四部分带领学生品读绘本、走访历史遗迹、观看红色电影、制作影视视频。学校带领学生走"漕运"起点，看仓桥文脉，让学生切身感受松江从古至今的经济发展，看到新中国翻天覆地的变化。以亲子阅读、微电影赏析和影视表演活动弘扬中国优秀文化，让学生体会连环画、戏剧、微电影艺术作品背后深厚的家国情怀，进一步牢记当代中学生肩负的历史使命。在课程中，学生对用什么风格绘画、如何绘制分镜头、如何用好景深进行拍摄、怎样调色渲染气氛、如何用表演塑造人物形象等问题进行深入探究，在丰富的课程中不断超越自我，像小艺术家一样解决问题。花园分校的学生们在祖国的期盼和时代的召唤中向美而生，笃行不怠，为实现中国梦而不懈拼搏。

（三）综合课程：英语节实践活动

学校借助大学生的力量，组织开展英语节戏剧展演活动，得到了孩子们的欢迎和支持。八（8）中队演绎经典童话剧目《仙履奇缘》，灰姑娘的水晶鞋让她最终幸福圆满，而现实生活中，坚强、善良与希望能够使我们从苦难走向光明。八（2）中队将电影《哈利·波特》搬上舞台，邓布利多军的故事真是惊心动魄、让人意犹未尽，学生们感受到为共同的目标团结合作的精神。

（四）创智课程：学生探究活动

学校打造多个创智类社团，各社团通过硬件搭建和软件编程对现有资源进行整合与拓展，采用 PBL 项目式活动组织教学。Blynk 物联网编程的宗旨即积极响应 STEM 教育及项目化学习的目标，通过硬件搭建与软件编程，完成各种物联网应用的创意制作，实现物与物的联网互通，方便识别和管理，实现功能数据化、智能化。在项目式学习过程中，学生积极地收集信息、获取知识、探讨方案，以此来解决具有现实意义的问题，提升创新思维能力、编程思维能力、批判性思维能力、团队合作能力、沟通交流能力等。一共开展五个项目活动，包括远程点亮一盏灯、激光警报仪、微型气象站、倒车雷达和抢答器。五个项目活动从易到难逐渐深入，使学生参与创造性的硬件搭建和软件编程，由创想到产出，让学习成果落地。

（五）特色课程：家长课堂活动

上经贸大附校借助家长的力量，举办精彩的家长课堂活动。爸爸妈妈们带着自己丰富的人生阅历和工作经验，来到孩子所在的班级，为同学们带来了一系列生动有趣的课程，涵盖 10 大类 51 种内容。例如：防灾减灾类有"防火减灾""儿童意外伤害的防治""消防知识讲座""消防安全知识""消防知识宣传""禁毒知识""DIY 科学小实验与安全用电小知识"。医学健康类有"医学小知识""科学防疫，从我做起""'海姆立克急救法'知识小课堂"。人工智能类有"关于机器人那些事""未来已来，无人驾驶车大探索""芯时代""中国芯""触控显示的奥秘"。科学实验类有"我们身边的化学世界""科学小实验""身边的昆虫""观天之眼""时间的起源和计量"。人文类有"如何正确对待网络流行语""悦读中国情""有关旅游的知识""孩子读书方式培养""汉字之美""书的故事"。互动活动类有"构建梦想""茶艺体验 + 习茶礼""乐活运动""互动唱歌"等。

家长课堂丰富了学生的课程资源，拓展了学生的学习渠道，加强了家校的合作与交流，为学生的成长奠定了扎实的基础。

（六）健康课程学生心理实践

在成长过程中，我们会遇到很多人、很多事，发生很多故事，或许是快乐的故事，或许是勇敢的故事，或许是帮助他人的故事，或许是……每个人都有属于自己的成长故事。学校心理辅导教师引导学生讲述自己的心"晴"故事，组织开展"讲生活故事，说自我成长"——心理健康活动季"我的心'晴'故事"演讲比赛。通过讲述故事，学生们说出心灵感受，学会自我放松和休息，学会寻求帮助和支持，充分体验心理行动带来的快乐，能够有效地消除自己的迷茫，坚定前进的步伐，找到心理健康的路径，度过幸福快乐的每一天。

新时代的学习生活，不能局限于学生的课堂、课本和练习，不能拘泥于听讲、练习与测试，而是要借助社会、家庭、社区的各种资源，为学生提供各种实践的机会，让孩子们积极参与、尽情感受、充分体验、自由生长。只有真实的活动情境，才能激发学生的活动热情，锻炼学生的综合能力，促进学生的学习感悟，提升学生的思想认识。综合实践课程正是引导学生开展实践活动、感受真实生活、探究真实问题的有益实践，它将引领学生积极适应生活和培养自身素养。

第四节　完善课程评价制度，提升"博雅"课程质量

课程评价是课程的基本组成部分，在课程体系中起着重要的激励导向和质量监控作用。学校课程评价主要指对教师课程教学的评价和对学生课程学习的评价等。学校要改进课程评价制度，从传统的课程学习结果的评价转向教学过程的评价，更多地看到教师的教学实践和学生学习发展的过程，通过课程评价，看到教师和学生的成长与发展，从而真正提升学校课程实施的质量和水平。

一、建立课程评价的综合系统

在课程实施过程中，需要同步建立课程的评价制度。对课程的实施情况的评价，不能从单一的角度进行，而是需要建立一个综合的评价体系，即从教师教学、学生学习和课程实施情况三个维度进行评价。要深入推进教师教学的评价工作。教师是否充分发挥教育作用，是否落实对学生的教

育指导？学生是否自觉参与学习活动，是否积极开展学习思考和讨论？教学效果是否达到预期目标？通过这些问题，引导教师深入思考教学的达成情况。要深入推进学生的学习评价，从学生的视角来观察课堂教学：学生是否理解教师的教学，是否得到教师的各种帮助和点拨？要引导学生对自己的学习行为进行评价，分析自己的学习目标、学习中的表现和态度：是否自觉思考学习中的问题？要评价课程实施情况：学生的作业情况怎么样，是否清晰反映学生的学习效果？学生是否能够参与学习活动？学生的能力和素养是否达到课程教育的预期培养目标？学校的课程组织、管理、实施是否科学规范？要通过综合、系统的评价推进课程的实施，提升课程实施的实效，实现学校课程教育的培养目标。

二、探索教师课程教学的精准评价

（一）聚焦教师引导的教学评价

在课堂教学中，我们要关注教师的教学是否有效引导学生的学习，是否真实地帮助和推动学生的学习。在教学素养上，要看教师是否尊重学生，是否具有清晰的逻辑结构，是否展现清晰的思路，是否能够感染或打动学生。在教学设计上，要关注教师是否针对学生的学情、根据学生的现有学习水平和学习能力设计教学活动，是否能够帮助学生理解和领会学习的内容。在教学过程中，要看教师是否关注学生的差异，是否体现了不同层次的教学要求，能否积极激发学生的兴趣和思维，是否重视学生学习习惯的培养，能否在学生遇到困难或障碍时给予有效的启发或点拨，是否能够灵活处理学生提出的各种问题，真正帮助学生解决学习中的困惑和误解。在教学评价上，要看教师是否注重发展性评价，是否给予激励和鼓舞，是否及时反馈学习结果，帮助学生改正错误。教学评价不是单纯评价教师的教学行为，而是指向教师的有效行动。

（二）聚焦学生学习的教学评价

在课堂教学中，我们要更加关注学生的学习情况，关注学生是否能够实现自主学习。在学习状态上，要评价学生是否做好上课准备，是否提前开展相关预习工作，学习中情绪是否饱满，是否积极参与学习活动，是否主动开展合作学习、探究活动。在学生的学习习惯养成上，要关注学生是否做到了观察、倾听、记录、动手等，是否积极开展合作讨论等，是否积极开展反思总结活动。在学习方法上，要关注学生是否采用多样的学习方法，是否根据老师的要求开展各种有效活动。在学习能力上，要关注学生能否学会观察，能否专心听讲，能否流利表达，能否分享交流，能否深入思考，能否反思总结等。我们不能简单地从学习态度和学习结果上进行评价，而是要从学习状态、学习习惯、学习方法、学习能力的维度进行评价，从而更加有效地指导学生学习，推动学生学习能力的培养。

（三）聚焦教学成效的教学评价

在课堂教学上，要评价教学的效率情况：教师是否在规定时间内完成了教学计划？是否实现了教学目标？要评价教学的效果：学生是否形成新思想、新概念？能否迁移运用所学的核心知识？是否能够将知识技能运用到真实情境中？是否实现了教学相长，师生是否都能在教学上有收获、有成长？要评价教学效益：整个课堂教学气氛是否轻松？是否形成了和谐的师生关系？是否完成了课程教学的根本任务，促进学生思想转化和品格的形成，真正实现教书育人？

三、探索学生课程学习的自主评价

（一）探索教师课堂教学行为的评价

我们要发挥学生学习的主体作用，要通过学生的视角评价教师教学。

要评价学生是否听清、听明白教师的提问,教师是否给予学生思考的时间,教师是否对学生的回答提出肯定和点拨,是否在学生遇到问题时给予及时的帮助。要评价教师的课堂情况:教师提供的课堂练习是否与课堂学习紧密相关?是否提供了具有挑战性的练习?能否发现学生练习中的典型错误?是否及时讲解练习中的问题?教师上课前是否明确告诉学生课堂的学习目标和学习要求?是否设计了相关的活动评价标准?是否组织学生开展经常性的讨论活动?是否指导学生带着问题进行实验或探索?是否在课堂上进行表扬和鼓励?学生是否喜欢教师的学科教学?从学生的视角出发,可以让教师更加清晰地了解教学设计是否合理、课堂练习是否精准、课堂活动是否有针对性,可以让教师更好地了解学生的学习感受,明确学生是否得到了足够的训练,是否得到了及时的帮助,是否能够有效参与课堂讨论,能否在实验探索中解决问题。改变课堂教学行为评价的视角,可以有效促进课堂教学的转型发展。

(二)探索学生课堂学习行为的评价

我们引导学生自主开展课堂学习行为的评价,让学生对自己的课堂学习有清晰的认识和正确的评价。要引导学生思考是否树立了明确的学习目标,是否表现出积极的学习态度;引导学生分析对照自己的学习行为,思考是否积极举手发言,是否乐于参与小组学习活动,是否自觉运用学习的知识,是否积极接受老师和同学的意见,是否会反思自己的不足,是否会考虑自己存在类似的问题,是否能够采纳老师或同学的建议,不断改进自己的学习行为。我们要改变学生课堂学习的被动状态,学生不能停留在被提问、被要求、被布置的状态,而是要明确自己的职责,能够对自己的学习行为进行评价,发现其中存在的不足,找准自己的问题所在,从而更好地改进自己,不断提升课堂学习的效果。

(三)探索同伴互助的学习行为评价

我们不仅引导学生进行自主评价,更引导学生与同伴进行学习行为对照评价,评价自己能否发现与同学在观点上的差异,是否会主动发表自己的观点，能否对同学的讲解提出改进意见，是否能够寻找问题的不同解决方法，能否相互评价学习表现，是否会学习借鉴同学的作业，是否主动向同学请教问题，是否在遇到困难时向同学求助，是否会自觉学习同学的优秀经验。学生不仅要了解自己的学习行为和学习表现，还要与同学进行对比，在与同学的差异中发现自己的问题，借助评价方法来改变自己。

四、探索学生课程学习的活动评价

（一）积极开展学生学习作业评价

在课程学习中，我们要积极开展学习作业评价活动。在传统的课时练习作业之外，今天的课程教学会布置各种项目化作业和任务，这些项目化作业和任务不是简单的考试能够衡量的，而是要对具体的作业进行评价。可以鼓励学生把作业展示出来。可以把学生的作业小报、实验报告、调查总结等收集起来，寻找适合的地方进行展示，通过作业情况的对比，更加准确地评价学生的学习状况。

（二）积极开展学生实践活动评价

在开展作业评价的同时，可以借助视频、展演等方式，对学生的学习实践活动进行评价。综合实践类活动课程往往无法开展纸笔测试，无法采用传统考试的方式进行评价，但是可以采用展示的方式进行评价。学校可以组织节目展演活动，鼓励学生排练各种形式的歌唱、舞蹈、戏剧等，实现各种学科的融合交汇，给予学生实践展示的机会，更多地展现学生学习的收获和能力的提升。

（三）积极开展学生学习结果评价

当然，学校也可以积极开展学生学习结果评价，可以采用纸笔测试等形式，检查学生是否掌握相关知识，能否运用知识解决问题，能否顺利完成各种检测，是否取得了良好的学习效果。学习效果的优劣同样也能验证学习是否努力、知识是否理解和领悟、学习问题是否得到解决。凡是学习活动，都会有一定的结果，要加强结果的评估，从而改进学生的学习。

五、积极推进课程实施评价活动

学校针对课程实施质量建立自评与互评、定量与定性、过程与结果、管理性与激励性和发展性相结合的有利于发展的综合评价体系。除量化评价外，还采用主管部门召集师生座谈、学生问卷、家长问卷、教师自查等方式实现民主评价，谋求课程的适应性发展。针对各类校本课程，在实施过程中，学校教导处及各职能部门要客观公正地分析评价该校本课程的科学性和合理性，并及时做出必要的修改与调整。

（一）落实学校组织评价

学校成立评价小组，通过听课，听取学生的反馈意见，检查课程开发与建设的情况、教学目标的达成程度和教学安排等，对教师做出准确的评价。

（二）实现教师自我评价

教师在课程开发与建设以及教学活动的过程中，进行自我评价，以不断提高自己开发与实施课程的能力。要强调教师的自我评价，引导教师学会自我评价，淡化教师之间的相互比较。

（三）实现学生、家长评价

学校通过对学生和家长进行问卷调查、座谈、个别调查等方法了解学生、家长对课程的评价，并以此了解学生的需求，不断提升课程的质量，使之更加适应学生发展的需要。

第五章　课堂变革：高效课堂，提质赋能

第一节　以提高教学质量为中心，不断改善教学方式

教学质量反映了学校教育教学水平高低和效果优劣。上经贸大附校自2016年建校至今，培养出了众多优秀学子，已经有四届学生从学校毕业，教学质量稳步提升。但是，伴随着松江教育的发展，社会各界对教育的期望和要求越来越高，学校之间的竞争也愈加激烈，这就要求学校的教育教学质量进一步提高，努力适应松江永丰地区老百姓的要求，成为名副其实的家门口的好学校。

一、"双新"背景下的教学质量观

有学者这样定义教学质量："教学质量不是学生学习的知识的量的累加，而是在学习中，着眼于学生的生命发展，既打好'学习的底子'，又打好'精神的底子'的过程。"教学质量不仅仅是分数，更不是升学率。随着义务教育阶段课程标准（2022年版）的全面推行，学业质量标准变为核心素养导向下的教育教学目标的达成度，这成为学生学习评价的主要标准，也是衡量学校办学水平的重要指标。所以，上经贸大附校积极践行国家课程改革的要求，积极适应"新课程""新课标"背景下的质量观，积极探索学

生必备品质和关键能力培养的有效途径，努力追求显性的"分数"和隐性的"素养"之间的有效平衡，进一步提升"双新"背景下的教学质量。

二、学校新时代的办学质量目标

通过不懈努力，上经贸大附校教学质量得到进一步提高。在隐性的"素养"方面，我们认真落实"五育并举"教育要求，努力推行"博雅教育"，关注学生学习需求，培养优秀学生；推进校本课程特色化实施，促进学生个性化发展；大力推行项目化学习，积极探索跨学科课程融合，加强学生学习指导，不断提升学生文化、艺术、科学等综合素养，从而培养"学识广博、品行高雅"的博雅学子，培养有理想、有本领、有担当的时代新人，培养德智体美劳全面发展的社会主义建设者和接班人。在显性的"分数"方面，力争至少 20% 的学生进入市实验性、示范性高中，至少 50% 的学生进入区实验性高中，至少 75% 的学生进入普通高中，争取 100% 的学生毕业升学，学校整体质量进入全区公办学校前列。

三、影响教学质量提高的主要因素

（一）生源情况比较复杂

学校的学生基本来自松江永丰地区，地属城乡接合部，整体生源情况比较复杂。

（二）学生学习基础薄弱

根据最新的年级期末考试情况可知，高分段的学生人数偏少，各学科优秀率发展不均衡，部分学科成绩不甚理想。与此同时，我们的学困生偏多，家庭问题导致的学生叛逆问题、心理问题、抑郁倾向等问题比较突出，有的问题严重影响了老师的教学。

（三）教师缺乏教学经验

办学 7 年来，每年都有大量新教师进入我校任教，他们教学经验不足，课堂教学的效率较低，教学质量整体不高。特别是毕业班教学，几乎每年都有第一次任教毕业班的教师，这对毕业班教学质量的提高造成一定的影响。

（四）教学资源相对不足

由于是新学校，校本资料库还没有完全形成，教学资源偏少，近几年新开发的教学资源有限，绝大多数时间采用传统的教学资源，更新不及时，已经不能适应新的课改要求。

四、学校发展面临的机遇与挑战

（一）学校发展面临新机遇

1. 学生学习习惯基本养成

我们地处松江城区边缘地带，大部分学生相对淳朴。通过六、七年级的严格训练，狠抓日常行为习惯，严格落实日常教育教学管理，到了八、九年级，良好的学习习惯已经基本形成，一日常规已经形成比较完善的运行系统，基本符合目前学校的学生现状。

2. 教师教学能力逐步提升

虽然我们的老师相对比较年轻，但是他们学历高，学习能力强，能够虚心地向有经验的老教师学习。通过以老带新，教学任务的达成度大大提高。特别是近几年，我们借助上经贸大附校见习教师规范化培训基地的东风，狠抓教师教学能力的培养，已初见成效。

3. 合作型团队初步形成

近几年，我们逐渐培养出了一些比较优秀的年级组长，积极推行年级组长"组阁"制，发挥年级组长的辐射引领作用，努力挖掘年级组教师的潜能，团结协作，齐心协力提高教学质量，已经形成一种常态化的工作习惯，年级组内的计划和活动能够保质保量地落实和执行。

4. 集团化办学逐步推进

上经贸大附校与上经贸大附校花园分校是集团校，随着时间的推移，自 2023 学年起，初中部六年级新生的 8 个班级中，上经贸大附校的优质生源已经逐渐成为主力军，达到 7 个班，占比达到 87.5%，而且比例还将进一步提升。集团校小学部从起始年级开始，就有长远规划，力争为初中部输送更多优秀学生。这几年上经贸大附校的教学质量节节攀升，已稳居全区公办学校前列，有这样的优质生源进入我们上经贸大附校花园分校，学校对教学质量的提高更加有信心。

（二）学校发展面临的挑战

1. 大学附校逐年增加，大学资源已经不再是办学主要优势

据不完全统计，松江目前的大学附校已经达到 20 所，而且还在逐年增加中，原本只有个别学校拥有的优质大学资源，变成现在很多学校都具备的资源。上经贸大附校和上经贸大附校花园分校也是众多大学附校之一，也同样面临这样的问题，大学附校已经不是我们办学的主要优势。如何更好地依托大学资源，超越别的大学附校，借力提高教育教学质量，是一个问题。

2. 学生人数多与校园空间狭小之间的矛盾对管理提出挑战

自 2021 年 9 月花园分校启用后，学生人数在逐年增加，截至 2023 年 9 月，花园分校班级数已经达到 38 个，达到校舍能够容纳学生的极限，已经属于超负荷运行，随之出现操场、普通教室、专用教室、剧场、机房等师生可利用的教育教学空间严重不足的情况，给日常的教学带来一定的管理压力。

3. 家长对于优质教育的高期望导致学校之间的竞争愈加激烈

近几年，松江各个学校之间相互学习，互相取长补短，无论是政府的"共同体""强校工程""集团化办学"，还是社会各界力量的校际交流，都使得学校之间的资源愈加均衡。今天家长的高期望使得学校要在条件相对薄弱的情况下脱颖而出，这对我们来说是一个必须面对的挑战。

五、更新观念，从改善教学方式入手，进一步提升教学质量

（一）当前教学中存在的问题

1. 教师的教学与学生的需求存在偏差

在课堂教学中依然有部分教师教学急功近利，对自己的教学经验过度自信，过于注重提高学生考试成绩，重视结果，轻视过程，忽视了学生更重要的内在需求。这样的做法与新课标的教学理念有一定偏差，部分教师在传授学生知识的同时，也间接地遏制了学生的创造能力。

2. 部分教师教学方法和教学模式相对单一

在课堂教学中，部分教师依旧采用单一的讲授法，不利于培养学生综合能力。虽然讲授法能够在短时间内将大量的系统知识传授给学生，但是这样单一的教学方法和教学模式会让学习变得枯燥，使学生对学习失去兴趣。所以授课时教师应该做到多种教学方法相结合。

3. 教学过程中学生依旧处于被动地位

在新课标的教学理念中，课堂应以学生为主体，教师应鼓励学生独立思考。但在实际教学中，学生的独立思考时间较少，部分学生依旧处于被动地位，这样不利于提高学生的主观能动性。

（二）更新观念，实施将核心素养融入课堂的教学方法

1. 以提高学生知识应用水平为目标，更新教育理念

在我国古代，先秦儒家向来提倡学与用相结合，到了明代，心学大师王守仁更是把学用一体、学以致用的为学思想进一步丰富，并提出了"知行合一"的思想观念。由此可见，着重提高学生知识应用水平是必要的。这就要求教师改变分数至上的教育理念，教学时从学生的生活经验出发，在提高学生分数的同时提高学生的问题解决能力，使课堂教学朝气蓬勃。此外，

教师在教学中要尽可能地将所学知识和实际生活相联系，根据学生认知特点，帮助学生建立知识体系，实现知识的应用和迁移，增强学生知识应用意识，提高学生的抽象能力和感知现实世界的能力。

2. 以提高学生创新意识为目标，加强文化学习

努力培养学生的创新意识和创新能力，国家才会有发展，民族才会有希望。不同学科在课程中都有学科文化的渗透，学科文化学习能使学生在学习时充分感受到该学科的魅力所在。以数学学科为例，学生通过学习数学家们创造性的数学精神，提高学习数学的兴趣，发散思维，让创新意识在思想中生根发芽。

3. 大力推进课堂教学数字化转型，赋能课堂教学

在现代信息技术高度发展的当今社会，利用先进的数字化技术助力学校教育教学是势在必行的事情。教师要在教学过程中应用信息技术，让知识的学习变得更加直观，更加生动形象，学生也更容易理解。另外，学生的年龄特点使得他们对抽象且偏理论性的知识兴趣不大，这样的学习态度要求教师在教学过程中不能一味地教授理论。辅以信息技术的教学更容易引起学生的学习兴趣，更容易让学生从心里改变对刻板的知识的印象。课堂教学的信息化辅助，要从起始的 PPT，进化为使用几何画板、希沃投屏、数字教学平台等更强大的信息化工具。数据分析手段也要由简单的手动批阅、手动统计逐渐转移到利用极课大数据等智能化分析统计手段。教学的各个环节都要积极探索信息化的变迁方式，助力教育教学更加高效。

4. 推进学生课堂学习活动实践，提升学生核心素养

新课标的教学理念与以往不同，相比课本上的纯理论知识，它更加注重培养学生的实际动手操作能力和综合素质。在教学过程中，教师不断地组织教学实践活动，有利于培养学生的学习主动性和同学间的合作意识。教学实践活动也有利于学生对研究对象的主动探索。学生在头脑中主动建构知识体系，不断经历分析实例、发现问题、解决问题、应用实践这一过程。要培养学生的应用意识，提高其推理和实际操作的能力，促进学生数学核心素养的发展。

5. 落实"双新"课程改革行动，推进项目化学习

《上海市教育委员会关于实施项目化学习推动义务教育育人方式改革的

指导意见》（以下简称《意见》）要求，落实课程教学改革深化行动，培育学生创造性解决问题的能力，推进教育强国建设，在实施《上海市义务教育项目化学习三年行动计划（2020—2022年）》的基础上，进一步在实施项目化学习、推动义务教育育人方式改革、全面提高义务教育质量等方面提出指导意见。《意见》以习近平新时代中国特色社会主义思想为指导，提出全面贯彻党的教育方针，落实立德树人根本任务，以义务教育课程方案和课程标准为依据，以培养学生创造性解决问题的能力为导向，以项目化学习为载体，深化义务教育学校教与学方式变革，提升教师专业素养，进一步提高义务教育质量。学校积极响应上海市教委教育改革号召，在校本课程实施的过程中，已经超前试点，在信息技术、植物栽培等方面的项目化学习上初见成效。2023学年起，我们又专门成立了项目化学习推进工作小组，在七年级进行课程开发与实践研究，力争在地理、生物、物理、信息技术等学科方面实现新的突破。

（三）从高度内卷的漩涡中走出，探寻科学高效的管理模式

1. 德育优先，激发学生学习的积极性

学校积极推进家访工作，教师利用暑假，对每一个家庭开展家访，统一思想，调动学生和家长的力量，全力以赴，与家长共同关心和参与学生的学习生活，形成合力。学校加大帮困和心理辅导力度，针对不同方面的"特殊学生"，采用校领导和学生一对一结对的方式，全面帮困，定期关注，争取不让任何一个孩子掉队。加大"谈心计划"力度，班主任关注每一个孩子的思想变化，利用课余时间定期开展谈心活动，掌握学生心理变化，及时沟通，纠正错误思想，指导学生全力以赴、好好学习。

2. 强化指导，引导学生养成良好学习习惯

《义务教育课程方案和课程标准（2022年版）》明确提出："学生要养成认真勤奋、独立思考、合作交流、反思质疑的学习习惯。"这就意味着我们要不断思索学生的学习方式是不是科学有效。努力探索科学有效的学习方法，是提高教学质量的重要途径。培养学生"认真勤奋、独立思考、合作交流、反思质疑"的学习习惯，可凸显学生的主体地位，也能关注到学生个性

化、多样化的学习和发展需求，也保护了学生的创新意识和创造能力。

3. 落实行动，深入开展扎实而有效的学科教研

每位中考记分学科教师都要利用暑假、寒假时间，认真完成 10 年初三期末考试卷，并完成一套期末测试卷命题工作。九年级教师需要完成 10 年中考二模卷和近 5 年中考真题的研究和学习，进一步熟悉考纲，做到心中有数、不走弯路；各备课组至少每周进行一次备课组活动，交流一周的教学情况，根据情况及时发现问题，及时做出调整，提高教学的时效性。加强常规研讨，落实集体备课，重点关注常规课的效率。

4. 严格落实常规制度，不断优化改进

坚持"天天练"制度，即坚持实施每天训练行动，确保基础题目的得分率，提高学生的学习效率，让学生养成良好的学习习惯；坚持"周周练"制度，对学生的学习情况要了如指掌；坚持"班主任例会"制度，即坚持召开两周一次的年级组班主任例会，交流班级管理问题，及时修正；坚持"临界生"重点帮扶制度，即建立"临界生"档案，学科教师通力帮扶，帮助其消除短板，更上一层楼；坚持"作业自命题"制度，即每天发给学生的作业都由教师精心命题，严格控制学生作业时间，落实国家"双减"政策，提高效率，禁止疲劳战。

第二节　以优化教学环节为抓手，精心打造高效课堂

《中共中央　国务院关于深化教育教学改革全面提高义务教育质量的意见》指出：严格按照国家课程方案和课程标准实施教学，确保学生达到国家规定学业质量标准。充分发挥教师主导作用，引导教师深入理解学科特点、知识结构、思想方法，科学把握学生认知规律，上好每一堂课。突出学生主体地位，注重保护学生好奇心、想象力、求知欲，激发其学习兴趣，提

高其学习能力。加强科学教育和实验教学，广泛开展多种形式的读书活动。各地要加强监测和督导，坚决防止学生学业负担过重。

坚持教学相长，注重启发式、互动式、探究式教学，教师课前要指导学生做好预习，课上要讲清重点难点、知识体系，引导学生主动思考、积极提问、自主探究。融合运用传统与现代技术手段，重视情境教学；探索基于学科的课程综合化教学，开展研究型、项目化、合作式教学。精准分析学情，重视差异化教学和个别化指导。

学校要认真落实政策要求，正确认识目前课堂教学存在的问题，找到改进课堂教学的主要方向。要深入思考如何改进课堂教学，掌握科学的课堂教学观念，从而指导自己的改进行动。要正确把握改进课堂教学的要领，在学校校本实践的基础上形成有效的策略。要探索建立科学的课堂教学评价指标体系，对教师的课堂教学活动做出科学的评价。这些都需要我们进行深入的实践和积极的探索，努力打造适合本校学生学情的高效课堂。

一、分析课堂教学存在的五个问题

（一）固守传统的教学理念

课堂教学中教师固守传统的教学理念，关注知识的传授，关注教学任务的完成，拘泥于完成教学预设的内容，往往只追求教学的进度。教师仅关注个人教学活动，没有积极地关注学生的学习情况和学习反馈，当然也无法提供有效的指导与点拨，课堂教学的效率不高。

（二）过于重视知识的传授

教师在教学中过于重视知识的传授，往往花费较多时间讲授知识内容，过于追求大而全，没有关注学生的理解和感悟，只是单纯地把知识呈现给学生，没有考虑学生是否理解、是否明白知识的转换，更没有考虑学生思维能力的培养。课堂讲授过多，缺乏引导和启发，没有有效激发学生的思维。

（三）忽视学生的学习参与

　　课堂活动中教师占据主导位置，教师的讲解占了课堂较多的时间，没有考虑学生的学习参与，没有提供足够的时间供学生练习，没有提供学生思考的时间。完全忽视了学生的学习主体地位，剥夺了学生的学习机会、练习机会和训练机会，学生学习处于被动状态。

（四）缺乏有效的活动创设

　　课堂教学中教师没有创设有效的活动，不知道要充分激发和启迪学生，没有提供学生充分的活动内容，没有开展各种形式的活动练习，只是单纯地让学生进行回答、朗读等，学生没有主动学习的任务，没有参与活动的实践任务。

（五）没有考虑学生的差异

　　教师没有考虑到学生的差异，只是简单地根据课程标准的要求呈现知识，没有考虑学生的学习基础，没有分析学生学习的困难，忽视了不同层次学生学习的差异，没有达到差异教学的要求。

二、改进课堂教学的四点思考

（一）更新课堂教学理念

　　教师要更新课堂教学理念，要深入学习教学理论，学习借鉴江苏的杨思中学、山东省聊城市杜郎口中学、上海市静安区教育学院附属学校等名校的教学经验，正确认识课堂中教与学的关系，切实转变教学观念，努力实现"课堂"向"学堂"转变。学校教师经过反复学习研讨，逐步形成"精讲少讲、主动学习、当堂检测"的三大课堂教学活动。教师要精讲教学内容，努力做到"学生已经会的不讲，学生自己会学的不讲，讲了学生也不会的不讲"，缩减讲授内容，精讲知识。要充分发挥学生的作用，引导学生主动学习，落实学生的主体地位，提供学生充分的学习机会，引导学生学习、体验、练习、思考和感悟，让学生成为课堂的主人、学习的主人。要加强教学活动的检测，为学生提供练习的机会，获取学生练习情况的反馈，了解学生学习时遇到的困难，把握学生学习的问题，从而制定后续的改进措施，改进教学、优化教学。

（二）关注学生学习体验

教师要加强课堂教学的研究和实施，科学制定教学的具体流程，完善"课堂导入、新知探索、练习感悟、运用实践、检测反馈"五个教学环节。课堂导入要新，能够激发学生的兴趣；新知探索要实，要给予学生充分的时间和活动；练习感悟要精，要围绕教学的重点和难点；运用实践要活，要锻炼学生的运用知识解决实际问题的能力；检测反馈要勤，要及时掌握学生的学习反馈，切实实现"堂堂清、日日清"的目标。要努力实现教学方式多样、课堂活动丰富、知识探索有趣、练习设计精准、检测反馈及时，充分调动学生的积极性，切实发挥课堂教学作用，充分发挥40分钟的效用，让高效课堂建设落到实处、见到成效。

（三）创设丰富学习活动

教师要围绕教学目标中的重点、难点，创设丰富的学习活动。课前导入阶段，要创设情境，启发学生思考，激发学生的兴趣。知识新授阶段，要突出重点内容的学习与操练，设计各种形式的朗读练习，帮助学生熟悉知识内容；讲解重点的环节，讲清理解的关键点，展现师生探索的过程。练习巩固阶段，要提供各种练习活动让学生进行练习，让学生感受不同的变化，有效构建系统的知识体系。检测反馈阶段，要指导学生进行完整的知识应用，了解学生知识掌握的情况，获取学生学习的情况反馈。在课堂不同阶段的活动中，要帮助学生学习、训练、巩固、检测，从而提升教学的实效。

（四）关注学生学习差异

教师要关注学生的差异。在基础教育均衡发展的背景下，每个班级分别存在优秀、良好、一般、困难四类学生，四类不同学生的学习基础、学习能力、学习水平是完全不同的。在知识新授阶段，要根据一般学生的情况进行讲解，引导学生基本理解学习内容。在练习巩固阶段，要考虑困难学生的需求，提供相应的练习，帮助他们扫清学习障碍。在检测反馈阶段，要提供拓展要求，检验优秀学生的学习情况，促进优秀学生的思考和感悟。在过关检查阶段，要落实困难学生的要求，降低学习难度，减少过关任务，帮助学生跟上学习。

三、打造高效课堂的四个策略

（一）"一摸二定三择"破要点

教师要对学生的学习基础进行摸底，充分了解学生已有的知识水平，根据学生的认知规律，结合教学内容和学情，制定出符合知识体系和学生实际的教学目标。备课前要认真钻研教材，确定如何突出教学重点、如何突破教学难点，合理选择课时教学内容，选择好例题和习题。

（二）"四要法则"巧设计

一要合理安排导入内容：导入情境有选择性，新旧联系有针对性。二要精心设计驱动问题：问题指向性要明确，要使学生能够听懂老师问的是什么，知道应该从哪方面思考、回答；问题要精练，要用最少的问题、最精练的语言覆盖最多的知识，收获最大的教学效益；问题要有思维价值，要有一定的坡度和难度。三要做好充分预设：对课堂上学生可能出现的错误要有充分的思考，要针对可能发生的情况设计几套应急的教学方案，确保课堂教学的顺利进行。四要及时检验课堂效果：根据教学目标和内容，精选巩固练习，及时发现问题、及时课后反思、及时采取补救。

（三）数字比例调结构

为落地"双减"政策，要根据教学的实际需要和学生的实际情况合理灵活地安排课堂教学的环节，对各个教学环节进行合理的取舍或颠倒前后顺序，对各个教学环节的时间分配进行合理的调整，使课堂结构更合理、更科学。每节课老师尽量少用时间（一般不超过 15 分钟），把绝大部分时间留给学生（20 分钟以上）。让 100% 的学生都动起来，积极自主学习，参与合作探究，让多数学生有展示的机会。坚决去掉可有可无的教学环节，合理调整各个教学环节的时间，让练习穿插于各环节之中。教师要全神贯注地听学生发言，看学生板演，发现每个细节，及时予以点拨和评价。

（四）语言动作促评价

课堂上，教师应该采用多种表扬方式："你的声音很响亮！""你的想法很有创意！""你的想象力很丰富！"或用亲切和蔼的动作——拍拍学生的肩膀、轻轻地抚摸一下学生的头或露出浅浅的微笑……表扬要有针对性，有了赞赏这一"催化剂"，学生的注意力集中了，兴趣高涨了，高效课堂自然就来了。这样学生在学习中就能常常感受到成功的喜悦、学习的乐趣，课堂气氛就会活跃，学习效果就会更好。

四、把握高效课堂的六个要领

（一）旧知复习要做到精挑细选

精心挑选复习内容，不需要面面俱到，复习内容要针对教学目标和学生的学情。重点、难点知识不但要复习，还要认真反复复习。复习就是为了更好地学习新知，教师不但要使学生知其然，还要让学生知其所以然，让学生学会把这些原理或方法迁移到新知学习上去，为学习新知做好充分的准备。

（二）新知导入要注重联系生活

古人云："学贵有疑，疑则进也，小疑则小进，大疑则大进。"我们要创设贴近学生生活的真实情境，由疑引入，让学生在情境中发现问题、提出问题，通过探究、分析、讨论、操作等一系列活动，体验解决问题的过程，培养解决问题的能力。

（三）问题的解决要经历探究和思考

只有引导学生在师生合作、生生合作和独立思考中寻求解决问题的方法、策略，从而理解知识、掌握知识并能运用知识，学生的创新意识和创造能力才能得到培养和提高。教师的作用是组织和引导，在学生遇到困难时加以引导、点拨，起到导航的作用。

（四）练习要讲究及时和高效

练习要及时。知识具有严密的逻辑性，学生对旧知掌握得好，将有利于新知的学习，反之，将会给后续知识的学习造成障碍。所以，巩固新知时要边学边练、边练边反馈。学生每学完一个新知识，教师就要及时安排练习，在学生掌握了前一个知识后再让其学下一个。练习要高效，习题的设计要紧紧扣住知识的本质、知识的难处，要题题有效。不同类型的课堂练习要有差别：新授课的练习能帮助学生理解和掌握所学的知识，教师应当让学生在理解和掌握上下功夫，题目不宜过难，应当以基本题为主；练习课的目的是帮助学生牢固掌握所学知识，并达到比较熟练的程度，形成一定的技能技巧，练习应当是有一定难度的变式练习；复习课的目的是帮助学生进行知识的横向沟通、纵向联系，形成知识的网络，所以应当多设计一些综合应用知识的习题，要体现一题多变和一题多解。

（五）板书的设计要高度概括和重点突出

板书也是课堂教学的重要组成部分，是传递教学信息的有效手段，是教师口头语言的书面表达。在教学中，它有增强语言效果、加深记忆的作用，因此板书设计要做到：书写规范，有示范性；语言准确，有科学性；层次分明，有条理性；重点突出，有鲜明性；合理布局，有计划性；形式多样，有趣味性。人们把精心设计的板书称为形式优美、重点突出、高度概括的微型教科书。

（六）课堂总结要简明，内容要直击实质

教师不仅要让学生巩固学习内容等，更要整理知识，使学生对知识的领会向高一层次升华。课堂总结可以是对问题或课程的归纳总结、对结论和要点的明确和强调，也可以把学生所学的知识向其他方向延伸，以拓宽学生的知识面，使学生的知识系统化。

五、高效课堂带来的四个变化

（一）学生学习主动化

上课喜欢捣乱的、不听讲的、看课外书的学生，在高效课堂上往往表现得十分认真、积极，抢着举手回答老师的问题，而且还主动提出问题。学生从单独、被动的接收者成为合作、主动的学习者。孩子们不再仅仅从老师那里获取知识，而是通过自己的努力去掌握知识。对学习内容，孩子们首先要有自己的思考，并用自己的思考成果与他人进行"交换"合作。学习不是被灌输，而是通过自主思考、合作交流、反思改进等主动吸收知识。学生动起来了，课堂也活起来了，这样的主动探究式学习才是课堂高效的保证。

（二）师生互动有效化

在学生的高度参与下，课堂互动从多个不同的维度展开：既有师生互动，也有生生交流；既有二人互相对话，也有多人小组探讨；还可能有小

组与小组、个人与小组等多种形式的互动。学生通过教师设计的驱动性问题和任务，紧紧围绕教学目标与教学内容进行互动，加上教师的引导和讲解，原本低效的课堂借助智慧与经验的分享，变得高效起来。课堂的效率、效益都得到了提升。

（三）教学内容体系化

新课标倡导自主、合作、探究的学习方式，高效课堂以学生自主学习为主要教学形式，引导学生联系新旧知识，在自主学习的基础上进行提炼和升华，在合作学习的基础上进行分享与研讨，在探究学习的基础上进行概括与总结，促使学生对知识有总体把握、整体认识。要让学生认识到知识与知识之间的联系，注意到各知识点之间的共通性或互补性，使学生更好地掌握知识，形成整体性、系统性的知识观，并帮助学生将知识融会贯通，真正构成自己的认识框架，形成体系化知识网络。

（四）思维品质增值化

我们的课堂能够遵循孩子的认知规律、学习规律以及科学规律。教师变教学设计为学程设计，联系教材和生活，创设情境，让学生充分感知、调和，鼓励学生归纳，形成知识能力和思维的迁移。低年级课堂强调常规训练，但也能听到学生说"我不同意你的观点"。二年级出现了"大单元教学"，三年级出现了"导学单"。高年级学生更加擅长"思维导图"。学生能学到的不仅仅有学科知识，还有策略知识，有机会培养社会技能，潜移默化地提升思维品质。既能培养学习方法又能培养思维品质的课堂才是增值高效的。

学校要引导教师优化教学行为、关注学生学习、强化学生思维能力；教师要引导学生发现问题、提出问题，体验解决问题的过程，培养解决问题的能力；课堂要以学生为主体，做到问题任务驱动、丰富学生活动、加强学习检测。学校要以"双减"政策为指导，以新课标为指引，坚持"博学善思、惟精惟一"的办学理念，积极探索自主、高效、充满活力的课堂教学，有效提升课堂实效，真正落实减负提质。

第三节　以丰富学习活动为载体，拓宽学生参与时空

　　课堂学习活动是课堂教学的核心，学习活动设计指向学生的学，主要目标是巩固学生的知识，提高学生的能力，拓宽学生的参与时空，让学生树立正确的情感态度和价值观。高效的课堂学习活动很大程度上取决于学生参与的广度和深度，课堂教学活动在设计时要突出学生的主体地位，充分发挥学生的主体能动性，使其积极参与活动，经历学有所思、学有所悟、学有所获的思维过程，从而获得更多的参与体验和学习能力，促进核心素养的发展。上经贸大附校教育集团以博雅课程为依托，以丰富的课堂学习活动为载体，打造高效课堂，培育博学善思的博雅学子，努力为学生提供一个成长和发展的舞台。

一、多元重塑，激活课堂氛围

（一）课堂角色转换，以生为本

　　课堂教学是师生之间的沟通和对话。课堂之中，教师不是在传统意义上担传道授业解惑之责，课堂也不是"我说你听、我说你写、我问你答"这样单一机械的活动操练。教师不是课堂的主宰者，而应该是学生学习活动的组织者、引导者、合作者和评价者。因此，教师要转换角色，从"台上"走到"台下"，变权威为伙伴，走进学生生活，走进学生心里，为学生学习创造一个地位平等、关系和谐、气氛融洽的参与空间，使学生敢想、敢说、敢做，真正成为学习的主人，从而有效地掌握知识，达到学有所得、学有

所用的目的。如小学美术课堂上，教师在进行"剪剪贴贴我的脸"的教学时，最后设计了"我的作品我做主"课堂分享环节。学生通过自己的作品介绍，把课堂推向高潮。有同学说："我的作品名称是《勇敢的我》。我的胆子很小，但是今天，我很勇敢地站在讲台上来介绍我的作品，所以我觉得我很勇敢……"这名学生无疑给那些不敢上台发言的同学做出了生动形象的榜样。还有的学生说："我的作品名称是《可爱的我》，因为我是卫生委员，每天都把班级管理得很干净，所以我觉得我很可爱……"这样以学生为本的课堂活动设计，让学生深度融入课堂，表达自己的想法，知道自己的美，充满自信，而且还让他们知道自己人格的魅力。

（二）活动情境创设，趣化课堂

新课标要求在课程实施中，从学生的实际出发，把学生在课堂上需要解决的问题有意识地、巧妙地寓于各种符合学生已有知识经验的情境之中，设计有挑战性的学习任务，促进学生学习方式的变革。博雅课堂上的教师也需具备三种能力：善于抓住学生的生活背景，把课堂上的问题生活化、情趣化、生动化；善于利用学生已有的知识经验和实际情境之间的差异（或矛盾）设置认知冲突，产生情境；善于设置问题，制造悬念，从而有效吸引学生积极主动地参与课堂。教师把学生生活中的真实情境搬进课堂，培养能够迁移运用知识、解决真实问题的素养型学生。在博雅英语课堂上，教师在教授 2A Module 4 Unit 1 "In the sky" 时，为了能让学生在语境中学习英语，创设了和主人公一起去参观游览天文馆的语境，让学生通过模拟参观体验、视频观看等多种形式的课堂活动，身临其境地遨游在太空之中：学生感受月亮的明亮和阴晴圆缺之美；感受太阳一天的变化给我们的生活带来的影响；感受浩瀚星空的绚烂。最后教师在语境中抛出开放性问题：How is the sky in your eyes? 让学生输出，有效激发了学生的表达欲望，强化了学生的课堂学习体验，提升了学生的语言能力，促进了学科核心素养的真实落地。

（三）分层活动设计，调动热情

在开展课堂教学过程中，为了更好地让学生达成学习目标，提高学习效率，教师秉承"让每一个孩子都能发光"的宗旨，从学生实际情况出发，将班级的学生根据学习习惯、学习方法等情况分成多个层次，尊重每一位学生的人格和喜好，发挥学生在课堂中的主体作用，树立"学生之间有差异，但是没有差生"的教育观念。课堂是学生获取知识和提高能力的主阵地，教师应最大限度地在课堂上采用个性化分层学习活动，如将班级学生进行分层，创设难易适度的合作学习活动，让每一位学生都能参与其中，在课堂活动中找到自己的学习定位，充分调动学生的课堂学习热情，让其享受课堂学习带来的乐趣。在四年级第二学期劳动与技术学科"衣架模型"单元教学过程中，学生在了解了基础衣架模型结构后，需要自主尝试设计多功能衣架模型。教师通过微视频《贸贸的烦恼》创设了一个学生在日常生活中可能会遇到的问题——校服与红领巾该如何妥善整理？基于每个学生对生活的不同体验，教师通过展示基础衣架模型结构，激发学生学习兴趣，从衣架模型结构出发，引导学生分别对衣架模型部件（挂钩、挂颈、主体部分等）进行头脑风暴，调整形态或增加部件，从而达到能够将校服与红领巾这些学生必备服饰整理于一个衣架上的目的，提高整理效率，赋予衣架模型新的功能。学生根据不同的设想与选择，完成个性化的多功能衣架模型设计稿，小组分享讨论，根据他人的设计对自己的设计稿进行二次修改，为实际制作多功能衣架模型做铺垫。在教学中，教师设计了不同层次、不同难度的课堂活动，让每位学生都能从中获得成功；与此同时，教师进行活动过程性评价和成果评价，进一步提高学生的自信，帮助他们更好地认识自我、发现自我潜力。

二、"三融"策略，拓宽参与空间

（一）融入生活，架构知识桥梁

学以致用，将学到的知识运用到实际生活中，学习才有效果。我们可以逆向思考，基于实际生活，将生活元素应用在课堂的活动设计中，给学生创造实践和探究的机会，提升学生的生活实践能力和将知识融会贯通的能力，正契合新课改提出的教学教育要求。无论是纵向还是横向剖析学生的学习内容，都能和现实生活产生紧密的联系。教师要结合教学内容，对生活元素进行筛选和运用，设计让学生充满学习和探究兴趣的课堂活动，优化知识结构，以此来增加学生学习体验的熟悉感，进而推动课堂教学活动更加顺利和高效地开展，也能使知识通过多种渠道应用到生活的方方面面。例如，在进行数学"认识人民币"这一单元的教学时，教师就可以将生活元素融入课堂教学，让学生学会简单购物。教师设计了"我去买文具"的课堂任务活动："让学生模拟如何用人民币结账。假设一块橡皮五毛钱，一支铅笔一元钱，一本练习本两元钱，然后安排一名同学拿十元钱去购物，由一名同学进行结账。"在结算时，购物的同学买了两块橡皮，一支铅笔，一本练习本。这时教师要问购物的同学一共多少钱，购物的同学说一共四元钱。然后再询问负责结算的同学是否正确。如果认为正确的话，让结算的同学说出有几种整数结算方式，结算的同学经过分析和思考后，会说出有两种，一种是找六个一元钱，另一种是找一个一元钱和一张五元钱。此课堂活动可以激发起学生的学习兴趣，把生活实际和数学知识融合，提升学生生活中的购物和运算能力。

（二）融入问题，延展思维空间

传统课堂的问题活动设计一般指向教学中单个知识点的认识和理解，呈现碎片化、形式化、浅表化等特征，学生的思维训练仅停留在低阶层面，深度思考力和高阶思维不能得到很好的开发。博雅课堂注重学生思维能力的提升和发展，要求从知识掌握转向知识建构和问题解决，将知识以活化的形态融入课堂活动，让课堂成为学生主观能动的学习探索与思维动态生成的主阵地。以"问题链"为主的课堂活动设计，激活学生分析、比较、判断、创新等高阶思维能力，搭建学生的思维桥梁，使课堂教学有序高效、学生思维深度发展。

（三）融入跨学科，扩宽知识维度

新课标指出，要加强综合课程建设，提倡开展跨学科主题教学，强化课程协同育人功能。因此，要加强学科之间的深度融合，提高学生解决问题的能力。上经贸大附校开展跨学科课堂活动的探究和实践，不仅可以拓宽主要学科的知识领域，还可以促进关联学科知识之间的交叉和整合，从而使学生形成更为全面和深入的知识体系。一个个跨学科的课堂活动设计，可以让学生接触多元文化和多元思维，增强学生的文化意识、创造力和创新能力，还可以培养他们的团队合作意识和能力，同时使学生能够在学习过程中，感受不同学科领域的魅力。

例如，英语学科 2B Module 4 Unit 2 "Mother's Day" 的课堂活动设计中，教师进行了多学科知识的统筹设计。语文园地中一首《游子吟》打开了跨学科活动设计的思路。这首古诗朗朗上口，很多孩子都会吟诵，但是诗中蕴含了什么？让学生通过聆听、诵读，再次感受古诗的韵律，感受诗中母亲对儿子的深情与牵挂。自古以来，母爱是亘古不变的爱。"老师，'密密缝'就是像妈妈用针线给我缝磨破的裤子吧？""'意恐迟迟归'的'恐'，原来是妈妈担心孟郊在外工作吃不饱、穿不暖的意思呀，就像我每次出门，妈妈总是要嘱咐我注意安全。"古诗的诵读和解析，激活了孩子们的语言朗读体验，还激起了他们内心的情感涟漪。从语文课中的古诗切入，让学生理解妈妈的爱，再根据三年级《道德与法治》教材中第 10 课 "父母多爱我" 的育人要求，结合 "My mother can do ... for me" 核心句型，让学生谈谈妈妈怎么表达她们对自己的爱，从而使学生深刻领会母子情深。跨学科课堂活动可以体现各学科领域之间的共通性，使学生有更宽的视野、更好的整体性，提高学生不同学科间的知识迁移和应用能力。

三、"开放"课堂，助力提升核心素养

（一）引入开放资源，实现共享

开放型的课堂侧重将知识和学生的生活相连通。在课堂中引入多方资源，构筑资源开放的课堂，能增加学生学习兴趣，提高其学习积极性。上

经贸大附校依托高校资源、社区资源和家长资源等，整合校内资源，给课堂注入新鲜活力。在学校特色课程的课堂活动中，孩子们融入社会、体验生活、实践交往、聚合团队，用快乐追逐梦想，让心灵得以成长。如在轮滑课堂中，校外优质资源走进学校，教授根据低年级学生的个性和心理特点，设计了丰富、有趣味的轮滑活动，改变传统"课内外分离"的教学模式，在速度与激情中，使学生掌握身体肌肉的平衡力和协调力，促进大脑发育，在一次次的挑战中体验运动带来的快乐。在德育课上，家长带着多元化的资源走进课堂，教师通过形式灵活、丰富多彩的课堂活动，带领学生跳出教室的空间，着眼于社会的方方面面。学校一切为了孩子的发展，着眼于学科核心素养的发展，高度聚焦学生的成长。

（二）设计开放评价，创建特色

新课标强调坚持以评促学、以评促教，发挥评价的育人导向作用，强化评价与课程标准、课堂教学的一致性，促成"教 - 学 - 评"一体化的有机链接。那么课堂评价活动如何才能促使学生真正有效地学习呢？上经贸大附校基于实践经验，开展以下思考和探索。

在创设和实施指向问题解决能力的学习活动的同时，需要实施学生评价，发挥评价的导向功能和调控作用。一是教师要依据学习目标设定学生问题解决能力的评价目标，可从对问题解决能力指标的分解的角度，设定提取与理解、分析与表达、推理与实践、总结与反思四个维度的可操作的行为目标。二是教师要将学生问题解决能力的表现划分为不同水平，配合具体的学习任务，建立层级式的学生评价标准。三是教师要建立课堂评价机制，可依托口头赞赏、组间竞赛、积分奖励等方式实施学生评价，以评价机制带动课堂节奏，提升学生课堂学习活动的参与度。

（三）学科跨界合作，提升素养

随着《义务教育课程方案和课程标准（2022 年版）》的正式颁布，为迎接 21 世纪信息时代的挑战，我们的教育教学更聚焦于学生核心素养的发展，致力于培养学生适应未来发展的正确价值观、必备品格和关键能力。而跨学科学习，正是提升学生核心素养的重要方式。

学校通过专家引领、集智教研、课堂探索等多种途径、方式，鼓励教师在日常教学中，从以教为中心走向以学为中心，建立学习中心课堂；让教师强化实践育人意识，以跨学科实践为抓手，驱动学生主动、持续地探究问题，回归生活情境中创造性地解决问题，进而将知识转化为能力与素养。当我们以培育学生核心素养为目标时，眼光便不只局限于自己所教的学科，而是充分延伸到其他学科，向成为一个全科老师的目标去发展。那么，这就需要教师深度协同、集体研讨，组建跨学段、跨学科的工作团队。

四、精准评价让课堂走向纵深

形成性和结果性相结合的精准评价对促进学生深度学习有着极其重要的作用。博雅教育一直致力于让课堂评价的价值最大化，助力学生在课堂上深度学习。通过评价可以强调正确的价值立场与价值判断，引导学生领悟思想方法、积累活动经验、淬炼学习品质。如何让课堂评价的价值最大化？我们可以借力师生、生生互评等多维度评价方式，让课堂评价精准地指向以下几个方面：

（一）深度理解，直击知识本质

课堂评价是从感性认知走向理性认识的重要连接点。它可以帮助学生从错综复杂的生活表象中提取条理清晰的学科知识，从而厘清知识脉络，了解各类知识的本质。所以，课堂评价首先应当直指知识的本质，也就是我们要对学生的结论判断正误。当然，对出现知识性错误的学生，教师也要学会从思想、方法、品质、德育等其他维度进行评价，从而激发每个学生积极参与的热情，让不同的学生因课堂评价而收获不同的成长力量。

（二）实践为本，凸显学习品质

课堂评价是培养学生优秀学习品质的切入点。失败是成功之母。即使有些学生的知识结论是错误的，但正是在一次次的失败中，我们不断积累经验，重新走向实践验证，最终离真理越来越近。也许，我们最后也没有获得成功，但每一个倾心投入的人所彰显的严谨、细致的学习态度和执着、无畏的意志品质都是值得学习的。容错化错，渡人渡心。我们进行课堂评价时要充分肯定学生的优良品质，发现并放大学生的闪光点，并借助这些榜样的力量淬炼其他学生的品格。

（三）重视合作，走向情感体验

　　课堂评价是渗透德育的融合点。一次成功的课堂评价，可以唤醒学生的团队意识，凝聚向心力，可以引导学生学会与他人合作，并取他人之长补己之短，可以指引学生修炼自我，学会处事、学会做人。课堂评价也是超越知识层面的一次情感体验。以传统、文化、爱国、感恩、生态、环保、共同体等为主题的德育可以在课堂评价中熠熠生辉，让我们的博雅课堂教学真正走向学科育人的目标。

　　关注课堂评价细节，聚焦核心素养、合作自主探究、领悟思想精髓、传承学科文化等课堂要素。把课堂评价做得精细、精准、精致，让小小的课堂评价发挥大大的效能，助力我们的课堂教学全方位走向纵深。

　　我们只有切实做到与时俱进，不断提高自身素养和教学能力，把新课程理念落实到课堂中，进一步促进高效课堂的建设，坚守教育本质和初心，才能让博雅学子快乐学习、全面发展、个性成长。为积极落实"双减"政策，提高课堂教学效率，优化教学方式，学校组织深入学习新课标、深化推进教学改革、落实高效课堂建设的活动。以"学"为中心，优化课堂学习过程，让学生积极主动学习、自主创新思考，使课堂真正活起来。让"课堂"和"学生"的融合走向深处、落到实处，努力创设更加高效的课堂，为孩子的未来奠基，是博雅教育一直未曾改变的初心，也是我们的坚定信念。

第四节　以落实"双减"为突破口，
构建"研－学－评"一体化作业体系

　　义务教育通过"双新"课程的逐步实施，正努力实现高质量发展。但是学生和家长反映的作业问题依旧普遍存在，作业负担没有得到有效的控制。落实"双减"政策要求，积极探索有效的作业措施，切实减轻学生作业负担，实现学生学习和训练的有效、高效，成为学校教育教学工作的中心。

一、读懂"双减"政策的新要求

　　2021 年 7 月，中共中央办公厅、国务院办公厅印发《关于进一步减轻义务教育阶段学生作业负担和校外培训负担的意见》，明确指出"要全面压减作业总量和时长，减轻学生过重作业负担"。根据政策要求，学校要采取积极的措施，切实健全作业管理机制，推动教师实施作业公示制度，切实控制学生作业时间。学科教师要明确作业内容，合理计算当日的作业数量。教师要重视作业的设计，加强作业设计的学习与分析，探索学科作业选编、改编、创编的方法。加强学生作业指导，及时获取学生作业完成情况，指导学生作业方法，指导学生学会正确处置作业中的难题，形成有效的作业应对措施。学生要珍惜课余时间，主动开展错题的反思与订正，积极探索错题的解决思路。学校要加强作业的管理，教师要落实作业的设计、批改与讲解，学生要落实作业训练和订正。

二、分析作业面临的现实问题

针对学生的作业情况，我们开展了学生和家长问卷调查，发现了下列比较突出的问题。

（一）作业负担过重

15% 的学生和家长反映学校作业过多，作业时间长，作业难易度变化大，学生无法按时完成作业。5% 的家长反映作业导致学生睡眠时间得不到保障，学生学习压力过大，甚至出现厌学情绪。

（二）作业质量不高

学校作业质量不高，教师对作业的认识存在偏差，作业设计沿用传统方式，作业任务形式单一。过于强化知识的识记与巩固，校本作业的改进内容不多，并且缺乏综合应用类题目。学生作业训练与课堂教学内容不一致，造成作业与教学、评价之间脱节。

（三）作业讲评不够科学

教师关注学生作业批改和订正，但是对学生错误原因分析不够，造成学生经常犯同类型的错误。教师没有进行学生错误的系统收集，没有开展针对典型错误的总结归纳。

（四）作业管理不够规范

作业布置比较简单，往往采用统一要求的形式，没有照顾到学生的差异。作业管理关注时间控制，依赖学生和家长的信息反馈。教师对作业时间的预估不够准确，没有照顾到后进学生的学习困难。

三、探索解决作业难题的有效举措

作业问题是个复杂的问题，不能依赖单纯的组织管理和工作推进。要解决这个复杂的问题，学校需要借助系统思维，要在深入认识作业问题的基础上，系统思考解决问题的整体思路。要找准解决问题的关键点，形成解决问题的工作思路，找到有效的工作举措，从而在落实"双减"政策上交出一份令人满意的答卷。

（一）依托课题研究寻找解决思路

目前学校各学科作业在各个层面存在的一系列问题，显示出学校作业体系质量不高的现状。很多教师也能设计出好的作业题，但是缺乏设计高质量学科作业体系的意识与能力，因此依托课题研究寻找解决思路，成为推动我们开展实践探索的强大动力。针对面临的问题，经过反复的研讨和思考，我们认为，作业研制、学生学习、作业评价三个方面共同作用，才能解决不同层面暴露出来的现实问题。校长室主动牵头，积极申报了2023年区级重点研究课题。我们的目标是依据相关作业理论，重新定义作业的内涵，立足学校现实问题，构建符合校情、教情、学情的"研－学－评"一体化作业体系，从研、学、评三个环节推进学校作业设计、作业实施（作业布置、作业批改、讲评辅导）、作业分析与作业改进的全过程，通过具体的校本化实践与研究推动"双减"政策的落地。

1. 正确认识作业的作用

作业是连接教学和评价的重要桥梁。一直以来，作业被普遍认为是对课堂教学的诊断巩固、评价学生的过程。然而，学生在做作业的过程中，可以查阅工具书，可以看书或笔记，可以上网查资料等，所以作业结果不能在严格意义上证明学生是否掌握了知识，也不能很好地发挥评价诊断作用。这个过程应该是学生依靠自身的能力去理解、内化和掌握学习内容的过程，是培养学生独立学习能力的过程。究其本质，作业应是学生自主学习的过程。

2. 正确认识自主学习的作用

对自主学习，不同的专家学者有不同的认识，大体可归结为两种观点：其一，自主学习是一种与他主学习相对立的学习模式，即学生主宰自己的学习；其二，自主学习是一种自我调节的学习，学习者可以根据自身在学习过程中的需要随时调整目标、行动、方法，来达到最好的效果。综合两种观点，可以发现，自主学习强调的是以个体为中心自定步调、自我控制的主动学习。

（1）研，指教师对作业的研发。教师基于学生在作业中的自主学习过程，开展作业设计研究，开发符合校情、学情，具有针对性、适切性的校本化作业。

（2）学，指学生的作业过程。即遵循"作业的本质是学生自主学习的过程"这一基本理念，推动学生在课堂教学以外、在教师设计与指导下开展自主学习活动。

（3）评，指面向学生作业自主学习活动的效果评估。教师通过作业批改、极课大数据平台、学生访谈等途径采集具体的数据，开展数据分析，实现学生学习缺漏诊断、学生作业的优化与改进、课堂教学的改进和提升。

我们从作业的本质内涵出发，明晰自主学习的特征及要求，完成"研－学－评"一体化作业实施路径的构建，确立研、学、评三个环节的实施内容，形成一个有机的整体，共同推动学校作业一体化体系建设。推动教师开展作业的研制工作，树立科学的作业观，围绕课程标准及单元作业标准的要求，以促进学生的自主学习为目标，精研作业内容，创新作业形式，开发设计各种形式的作业资源。发挥学生和家长的作用，通过对学生和家长开展问卷调查，分析评估学生作业行为，正确把握学生作业的情况，精准发现学生作业中的典型问题，激励学生在作业中落实自主学习活动。推动教师改进作业批改和讲评，采用多元评价方式开展作业评价，借助信息技术平台收集作业数据，分析典型错误，利用作业训练资源，不断提升作业批改和讲评的实效，更加精准地帮助学生学习。我们采用在行动研究中广泛应用的操作模式——迪金（Deakin）程序，在"计划—行动—观察—反思—再计划"的螺旋循环中，以开展"研－学－评"一体化作业实践为首要目标，开展三轮行动研究。在计划、行动、观察与反思中不断发现问题、总结经验，动态且持续地构建并完善"研－学－评"一体化作业实施路径，形成学校作业管理机制，优化学校作业设计与实施，形成高质量的校本化作业资源。

（二）实施"研－学－评"一体化实践行动

1. 正确把握作业要求，精心研制校本作业

备课组发挥团队作用，积极开展单元作业研制行动，全面落实单元作业目标、分课时作业目标、课时作业题型、课时作业星级系统制定。单元教学目标指导具体课堂教学，确保课堂教学抓住重点、难点与要点；单元作业目标指导作业练习设计，规定作业的主要知识体系、练习重点、练习难点和练习关键点；分课时作业目标指向作业练习的基本知识内容、知识运用要求等；课时作业题型指导作业的具体形式；课时作业题量指导各个题型内的题目数量，确保符合学生当天课时的训练要求；课时作业星级系统用1星、2星、3星、4星、5星分别标识作业的难度情况。在把握作业要求的基础上，学科组教师精心研制相关的作业资源。

2. 发挥学生家长双向作用，推动学生实现自主学习

（1）实施学生作业自主评价，引导学生实现自主学习。

在学生的作业完成过程中，要达到我们希望的自主学习，就要形成有效的监督和推进措施。学校在城乡携手共进项目专家组的指导下，积极开展学生表现性评价探索行动，开发学生作业表现自主评价表，主要关注下列指标：作业的态度、每门学科作业时间、不同学科作业的难度等。作业的态度反映学生的学习状态，即主动、半主动、被迫或应付；每门学科作业的时间反映学生的作业负荷是否合理，表现为作业时间偏少、作业时间适度、作业时间过长；不同学科作业的难度反映作业的难度感受，表现为太难、一般、过于简单；不同作业自主选择情况反映作业的选择性，如教师是否允许学生选择；不同学科作业完成情况关注学生的作业完成状况，

表现为作业按时完成、基本完成、部分完成和没有完成；作业后自主检查情况反映学生的学习能力，表现为学生检查作业正误、检查作业书写情况、根本没有检查等。通过引导学生自主开展评价，可以让学生精准获取自己作业的情况反馈，发现作业存在的问题和不足，推动学生自觉寻找改进措施，努力实现学生的自主学习。

（2）实施学生学习家长评价，推动学生实现自主学习。

学校讨论制定学生学习表现家长评价表，发挥家长作用，开展学生学习表现评价活动，主要关注学生学习表现：经常在家朗读背诵、能够自觉开展作业活动、很少接到作业不好的信息反馈、在家自觉开展课外阅读、经常进行体育锻炼、经常进行艺术训练等。家长借助评价表，可以逐一根据指标进行评价，评价结果很好地反映出学生在家庭中学习的真实现状。家长可以对学生的整体学习状况有清晰的了解，准确发现孩子在家庭学习上存在的问题与不足。家长可以对照指标进行督促，推动学生向自主学习转变。学生自主学习的培养从目标转化为现实，成为实实在在的行动。

3．做实做细作业评价反馈，发挥作业评价导向作用

（1）切实做好作业及时评价反馈工作。

学校引导教师及时做好作业及时评价反馈工作，努力实现作业评价的"四个第一"。要求学生到校后第一时间上交作业，确保学科教师尽快拿到学生作业。教师第一时间开展批改评价工作，充分掌握学生整体作业情况，及时开展学生作业的评价反馈。结束批阅后第一时间下发给学生。学生第一时间进行作业情况的分析和订正。"四个第一"保证了学生作业的及时上交，教师的及时批改、及时反馈和学生的及时订正。每天的作业问题第一时间进行解决，学生在评价反馈中得到强化与锻炼，从而保障学生作业活动中的自主学习。

（2）依托大数据开展作业评价与改进。

教师要积极开展作业数据的收集与研究工作，及时扫描录入学生作业情况，获取完整的学生作业情况数据。根据数据情况反馈，找到学生作业中的典型错误，开展针对性的讲评，努力消除学生作业中的困惑与障碍，指导学生找到解答问题的思路和方法。教师要根据班级整体情况反馈，找到学生作业的阶段情况，准确地对不同质量情况、不同作业层次的学生进行分类，及时向学生和家长进行信息反馈，反馈数据要真实、客观与可靠。教师要根据大数据信息反馈，找到作业的典型错误和集中问题，分析学生作业中需要点拨的核心环节，落实课堂教学的改进工作，针对问题进行改进，通过改进提升课堂教学实效。

我们在推进"研－学－评"一体化作业实践中，发挥教师的作用，积极开展基于课标的校本作业设计行动，形成了系统的单元作业体系。我们发挥学生和家长的作用，开展了专项评价活动，推动学生的自主学习。我们关注作业的评价工作。教师依托信息技术收集作业数据，精准破解作业中出现的问题；依托作业数据实施教学改进，有效地提升了教学、作业与评价的一致性。我们在落实"双减"的行动中有了自己的经验和做法，可以供区域的同行学习与借鉴。

第六章　教师发展：敬业爱生，博学善教

第一节　以党的二十大精神为指引，切实提升师德修养

古语有云："师道不立，则天下无善人。"党的二十大报告提出："加强师德师风建设，培养高素质教师队伍，弘扬尊师重教社会风尚。"教育部等七部门印发的《关于加强和改进新时代师德师风建设的意见》提出，"遵循教育规律、教师成长发展规律和师德师风建设规律，注重高位引领与底线要求结合、严管与厚爱并重，不断激发教师内生动力"，展现出师德师风建设"底线要求与高位引领"的双重内涵，体现出内在的不同要求。

欧阳修曾云："先生为人师，言行而身化之，使诚明者达，昏愚者励而顽傲者革。故其为法严而信，为道久而尊。"秉承"博学善思，惟精惟一"的教育理念，上海对外经贸大学附属松江实验学校教育集团努力实践"勇于进取、乐于合作"的校训，以习近平新时代中国特色社会主义思想为指导，对照《教育部关于建立健全中小学师德建设长效机制的意见》（教师〔2013〕10号）、《教育部关于印发〈中小学教师违反职业道德行为处理办法（2018年修订）〉的通知》（教师〔2018〕18号）等文件的相关要求，按照《学校师德师风建设工作计划》，将师德建设工作常态化、长效化，规范和引导全体教职员工以德立身、以德立学、以德施教、以德育德，全面落实立德树人根本任务。

学校积极贯彻落实《中小学教师职业道德规范》《中小学教师违反职业道德行为处理办法》《新时代中小学教师职业行为十项准则》等文件要求，

组织开展教职工深入学习活动，加强教师的职业理想和职业道德教育，增强广大教师教书育人的责任感和使命感，使其自觉遵守教师职业道德规范，认真落实"博学善思，惟精惟一"的教育理念。教师要努力做到关爱学生、严谨笃学、淡泊名利、自尊自律，以人格魅力和学识魅力教育感染学生，做学生健康成长的引路人、良好习惯的训练师、知识技能的奠基者。

一、加强职业道德建设，推动校风教风立本

"百年大计，教育为本；教育大计，教师为本；教师修养，立德为本。"学校把师德建设摆在学校工作的首位，积极推进校风、教风建设，书记、校长亲自抓，常抓不懈，要求师生做到的，学校领导班子成员首先做到。注重学校团队建设，积极弘扬高尚的师德师风，号召全体教师努力做"四有好教师"。学校党总支书记进行"教师师德师风要求"的专题教育，详细解读并要求全体教师进行松江教师"八个严禁"承诺书、上经贸大附校教师师德承诺书两份承诺书的签署。学校号召全体教师向人民教育家于漪老师学习，向优秀共产党员学习。学校每年组织开展"博雅教师"评选活动，在教师节大会上进行表彰。坚决杜绝"有偿家教、校外机构补课、招生弄虚作假"等违法违纪问题；积极倡导奉献意识、责任意识和示范意识，严禁教师违规收受学生及家长的礼品、礼金等行为。要求教师以身作则，率先垂范，树立教师的良好形象，维护学校良好的社会声誉，促进学校科学发展。

二、创设各类有效载体，开展师德师风活动

师德师风决定着学校的校风和学风，决定着一个学校的精神风貌和人文风格。学校将师德建设作为打造一流教师队伍的基础工程，通过加强教育教学常规的学习、检查，落实对教师师德的继续教育，完善奖勤罚懒、优胜劣汰的激励机制，引导教师注重自我学习、自我修炼、自我约束、自

我调控，弘扬开拓创新、务实进取的校园文化。结合教改狠抓师德建设，深入推进精品教案、高效课堂、温馨评语等建设，引导教师精心上好每一节课、用心批改每一份作业。落实师德建设工作举措，形成了齐抓共管、相互促进、科学发展的师德建设格局，有力地推动了师德建设的深入开展。

学校成立了师德师风建设领导小组，紧密联系日常教学工作的各个环节，抓师德师风建设。建立师德建设激励机制，把师德状况作为教师考核评优、岗位晋级和职称评聘的重要内容。对师德失范问题，重拳出击，绝不手软。对来信、来访反映的各种问题，我们坚持有报必查，做到件件有落实、事事有交代，发现情况属实，就对相关责任人在晋升、评优、考核中实行"一票否决"，从制度上确保把师德建设贯彻到学校工作的全过程和各环节。

教育集团党总支积极号召广大教师扎实开展线上教学行动，用实际行动彰显师德教育的蓬勃张力和春风化雨般的浸润力量。老师们凝心聚力，团队作战，碰撞出无数"金点子""小妙招"，充分发挥线上教学优势，切实提升课堂教学实效。党总支委员、教研组长、带教师傅深入课堂教学，总结教学亮点，有效疏导问题，积极发挥先锋模范作用，努力实现了三巡课堂暖心指导。教研组、备课组扎实工作，在集体备课有实效、作业设计有质量、作业反馈有评价、学习观摩有数量四个方面进行研讨，充分凝聚集体智慧，实现了"四有"教研智慧共享。教师以"空中课堂＋互动"的模式，充分挖掘互动平台优势；关注家长和学生需求，调整作业批改方式，努力实现优化平台共研创新。党总支精心组织线上主题党日活动，带领全体党团员教师学习习近平总书记重要讲话精神，号召全体党员坚守责任区、站好先锋岗，让学生定心、家长安心、社会放心。

三、优化教育管理生态，凝聚教育风貌正气

（一）发挥教师专长，建设实干团队

集团立足学校现状，直面新学校发展中遇到的种种困难，改变等、靠、

要的传统观念，明确了打造环大学城教育高地学校的目标，充分发挥教师专长，积极推动教师专业化发展。集团主动申报建设区级教师专业发展学校，挖掘和选拔优秀教师，承担见习教师规范化培训指导带教工作，提供优秀教师展示能力的舞台，提供优秀教师专业指导的机会，提供优秀教师加速成长的路径，不怕困难、迎难而上、攻坚克难，做实教师培养工作。鼓励教师深入分析个人现状，科学制定个人专业发展规划，并引导教师发挥个人特长，主动申报特色项目，积极投入特色社团建设，形成了一支全员参与、主动作为、积极进取、勇挑重担的学生活动项目指导团队。帮助教师发现自己的长处，找到自己展示的舞台，走上专业发展的高速路。教师找到了自己职业上的归属感，找到了专业发展的方向，沉浸在指导培养学生的行动中。

（二）发挥教师主动性，形成工作自觉

集团改变了传统的教育管理模式，发挥教师的主动性，改变了层层汇报、步步为营的管理方式，实现自上而下、自下而上管理模式的融合实践。管理团队实施项目驱动，实施项目负责制，不同条线管理人员分工负责自己的项目，主动寻找团队成员，合理安排工作计划，自觉推动工作进程，学校进入了主动作为、循环推进的良性状态，形成了事事有人做、人人争着做的喜人局面。项目教师自主进行项目发展设想，积极制订项目推进计划，主动搜集项目资源，自主申报项目采购清单，精准选择不同类型、不同功能、不同规格的教学资源和设备，加快了项目实施的进度，保障了项目的执行。

（三）发挥教师专长，展现教师魅力

学校重视特色项目的建设，每年开展特色教师项目申报活动，发挥教师的个人专长，了解特色教师项目建设计划，汇总整理全校特色项目申报清单。加强与上海对外经贸大学的沟通交流，寻求大学特色项目的支持，将其积极转化为附校的特色项目。加强与区域职能部门的合作，依托区教育局、区体育局的专项支持，积极探索射箭、棒球、少年宫等特色项目的建设。学校制定博雅课程建设图谱，围绕人文素养、科技创新、体育健身、

艺术审美、综合实践开展特色项目建设，逐步形成了手风琴、打击乐、民乐、画说茸城、织艺、书法、射箭、棒球、排球、智能机器人、计算机编制、3D打印、气象知识等特色项目，涌现了一批市区级特色教师。学校为特色教师搭建展示才华的舞台、提供专业发展的路径。

（四）提供全面保障，促进教师发展

学校重视特色项目的建设，积极提供各项保障，努力创建项目发展的有利条件。学期初，教导处组织特色教师开展项目设施采购申报行动，各项目教师考虑需要的器材设备，计算具体的费用数据，提交学校校务会讨论审批，提前做好活动的准备工作。学期中，根据项目发展需求，邀请市区级专家来校指导，观看学生训练情况，加强项目专业技能指导，共同研讨后续发展战略。学期末，教导处制定特色项目展示方案，鼓励各项目小组提交项目成果，进行集中展示和交流，并鼓励项目教师整理汇总活动资源，完成相关专题视频制作，充分展示各项目发展的历程，生动地记录师生共同成长的历史。

实践让我们保持更加清醒的认识，"师德师风教育"是教师队伍建设永恒的主题。学校通过各种渠道，在师德师风建设上取得了明显成效。学校涌现出一大批师德模范，获"博雅教师"称号的有 360 人次，获学校优秀党员称号的有 60 人次。通过树立典型，使全体教职员工学有榜样，干有方向。这些优秀模范教师身上，集中体现了广大教师忠诚教育、无私奉献的敬业精神，淡泊明志、甘为人梯的师德师风，严谨笃学、追求卓越的治学态度，他们无愧于"人类灵魂工程师"的光荣称号。因此，学校社会声誉相当好，学生家长们都说把孩子送进我们学校，他们倍感称心、放心和安心。良好的师德师风正在形成，它将成为学校教师努力工作、提高课堂教学质量、推动学校前进的动力。

心中有爱，眼中有光；师者如光，微以致远。教育是一场爱与被爱的修行，育人者育心，育心者必自育。新时代新征程，上经贸大附校将厚植崇文重教的优良传统，始终把师德师风建设摆在首位，严守纪律规矩底线，涵养清风正气，坚定履行立德树人的神圣职责，坚持学思用贯通、知信行统一，把党的二十大精神落实到日常工作之中，不断健全"区域统筹、立体推进"的教师队伍建设长效机制，以高质量师德师风建设推动高质量教育体系建设，努力建设一支为党育人、为国育才的高素质、专业化、创新型教师队伍，推进上海市松江区教育全域、全面、全程优质而公平地发展。

第二节　以校本研修为载体，推动教师专业成长

教育是国家的根本大业，教师是教育事业的中坚力量。教师的专业发展不仅关乎个人成长，更关系到学生的学习成长和社会发展进步。校本研修作为一种具有针对性、实效性和可持续性的教师专业发展方式，在推动教师专业成长、促进学校教育质量提升等方面发挥着重要的作用。

一、我们的思考

百年大计，教育为本；教育大计，教师为本。"强基"先强师。教师处于学校发展中的核心地位，并在学校发展过程中发挥着持久、显著的作用。教师的发展可以促进学校的发展，可以助力学生的发展。学校的长远发展必须着眼于校本研修，校本研修直接指向教师专业发展，进而推动学校可持续发展，最终服务于学生发展。这是一个系统而又漫长的工程，不能奢求立竿见影，要毫不吝惜时间和精力，持之以恒地进行实践和探索。校本研修对教师个人而言，是喧哗大道旁的通幽小径；对学校发展而言，是深自缄默中的一鸣惊人。校本研修，是基于学校教师团队、教师专业发展需求、教师自身实践而开展的专业探索行动。相较于上级统一安排的教研，校本教研的针对性更强，更符合学校教师自身情况，更"对症下药"，更"行之有效"。

二、我们的现状

随着新课程改革的不断推进，课堂教学开始从规范走向民主、从传授走向合作、从低效走向高效。广大教师认真学习课改理念，积极开展教学实践，但是行动有先后，效果有大小。尽管其中的原因是多方面的，但是有些教师的确不知道如何将理念转化为自己的教学实践，导致自己的课堂教学行为没有发生实质性的改变。因此，落实校本研修活动，推动教师专业发展，成为学校教学的主要任务和工作重点。

我们广泛开展"五课"实践行动，不断完善校本研修体系，加速教师的专业发展。学校聚焦教师需求，建立市区校三级专家资源库，定期开展教学指导活动。关注不同教师的专业发展需求，提供校本研修活动平台，落实"在实践中磨练、在活动中成长、在专业上进步"的发展要求。发挥教育集团的引领作用，组织开展各种类型的校际研讨，实现教学智慧的共享与转化，实现教师专业成长的快速突破。学校在校本研修上做到顶层设计、多元实施、重点突破、研训一体，积极让教师个体内部因素与外部因素持续发力，坚持"用文化引领凝聚团队的力量，用课程改革撬动教师观念的转变，用课题研究丰富教师的教学策略，用研修活动搭建教师展示的舞台"。

三、我们的实践

学校积极开展多种形式的课堂教学研讨活动，通过指导课、研讨课、展示课、推门课、随堂课等多种形式，深入了解教师课堂教学的真实情况，准确把握教师的课堂教学状态。各教研组明确教研主题，依托区研训部、外聘专家团队，加强专家引领和指导下的深入研修，不断提升校本研修的内涵和品质，努力提高课堂教学效率和教学质量。学校围绕"专业引领、同伴互助、教学反思"三个重点，深入开展"说—讲—测—评—思""三课两评一反思"活动，扎实推进校本研修。

（一）打造有质量的校本研修活动

1. 制定较完备的顶层设计

顶层设计不仅是校本研修的蓝图，也是推进校本研修的行动指南。基于顶层架构的设计，能够使校本研修活动更具关联性、结构性、整体性、连续性。顶层设计与学校的发展、文化的浸润息息相关，应该具有一定的延续性，不应该随着学校领导的变换而不断变化。学校在进行年度校本研修活动统筹规划时，要求各教研组围绕"四个一"制定新学年的校本研修方案。"四个一"就是：一个主题，确定新学年的校本研修的主题；一次调研，深入调研校本研修的主题、内容、时间、方式等；一份计划，在充分调研的基础上制定新学期的校本研修安排；一本书，就确定的校本研修主题，教师自主寻找与阅读一本教育理论图书。"四个一"的安排，让校本研修实现了基于学校现实、基于问题解决、基于学校发展。

2. 发挥学科组的团队作用

学科组教师积极开展集体备课，正确把握课标要求，科学设定教学目标。积极开展听课研讨活动，分析课堂教学行为，关注学生学习反馈，掌握学生学习困难之处，制定学生辅导措施，规范和落实课堂教学"五环节"，落实学生自主学习方式的培养。深入开展教学质量分析，准确把握学生学习中的问题和障碍，积极探讨教学改进措施，提供有效的学习帮助，精心总结教学工作经验，切实落实学生个别化指导。认真落实五课（见习汇报课、随堂听课、教学研讨课、教学展示课、教学评比课）实践行动，推动教师在实践中历练与发展。

3. 组织丰富多样的培训内容

校本培训要做到"教与研"紧密结合、讨论与行动合而为一，促使老师的教学水平和讨论力量共同发展。要在校本培训中融入教科研思维，做到内容主题化、问题校本化、形式特色化、研究理论化、时间固定化。

深入开展课标研读行动。教师深入学习课程标准，准确把握课程的目标、内容与要求。强化目标意识，重视目标讨论，是老师尽快熟悉新课程、走向成熟的必要途径。因此，各学科以课程标准为主的校本培训是一项重要的内容。

积极开展教学实践。学科组定期组织教学实践活动，引导教师在学科教学中落实教学理念、改进教学设计、落实学生训练、关注学生培养，努力提升课堂教学的实效。

精心组织课后研讨。学科组教师汇聚教育智慧，共同分析教师的教学活动，总结教学的特色和亮点，发现教学中存在的问题和不足，共同探索改进的方法和措施，实现教师团队的共同提高和专业成长。

开展问题沙龙研讨。学科组发现教学中的主要问题，组织开展专题研讨，通过沙龙研讨，有效解决了学科教学的主要问题，如"如何有效组织一年级新生教学活动""课堂教学管理如何兼顾统一要求与关注个体""数学课如何激发同学的思维""语文课如何落实学生的素养培养""艺术课如何有效实施小组合作"等。

（二）开展有高度的专业指导活动

1. 借力专家引领开拓教学路径

基于教师专业发展需求，学校深入推进市区校三级研修平台，积极聘请市区校三级名师，分学科分学段开展专项指导，深入研究学科知识之间的联系和学科思想方法，积极开展问题导向的教学研究和课题研究，推动教师团队专业发展，努力使教师向研究型教师转变，有效提升教师的教学能力。根据教学实际需要，学科组确定专家名单，落实专家指导计划，发挥专家指导的导向性作用和名师引领的实践性价值，为校本研修提供理论支撑和实践经验，切实帮助教师进行专业发展。在专家指导过程中，教研组以上海中考中的"热点""疑点""焦点"问题为主题，组织设计专家指导讲座。学校也会聘请教研员与一线教师一起听课和评课，教师将自己教学中的困惑以及发现的问题与教研员面对面进行对话、交流。

2. 形成有驱动的教师成长路径

学校关注教师的专业成长，激发教师发展"内驱力"，形成"走、读、做、讲、写"的教师成长"五部曲"，即通过参观考察、听课评课、业务进修走出去，通过读经典、学理论、悟真理读进去，通过项目实践、任务驱动、做中学做起来，通过专业表达、交流对话、经验分享讲出来，通过读书笔记、教学反思、课题研究写下来。

（三）组织多样化的研训学习

为提高教师专业技能，促进教师专业化发展，我校坚持教师自学与集体学习相结合、校内学习与外出学习相结合、学习与思考相结合、学习与交流相结合的原则，从师德研修、教学基本功研修、教育教学能力研修、教育科研能力研修等方面，通过集体充电、师徒结对、观摩听课、个人研修、校际交流等手段，突出重点，丰富研修载体，开展研修活动。同时，结合"优化教学模式，构建高效课堂"的教学实践，深入开展校本研修专题报告会，使教师全面、及时掌握新课标、新课程的新精神、新变化和新要求，促进教师专业成长。

1. 创设兼容并包的研修基地

学校结合本校实际，以全员培训为基础，以青年教师培养为重点，以骨干教师成长为突破口，采取全校教师集体学习、分年级组学习、分教研组学习和教师自主学习、自我反思相结合的培训形式，通过专题培训、主题研讨、教研活动、集体备课、教师论坛、师徒结对、教学观摩、课题研究、教学会诊等多种形式，积极开展校本教研培训。

学校确立了"基于学校、研究学校、体现学校、为了学校"的校本研修总体原则，开展建立以理论学习、案例分析、校本论坛、教学反思、结对帮扶、经验交流、调查研究、问题解决、教学咨询、教学指导等为基本形式的校本教研活动，树立"问题即课题、教学即研究、成果即成长"的意识，以新课程实施过程中面临的各种问题为对象，为教师参与校本教研创设平台、创造条件，努力提高校本教研的针对性与实效性，不断提升教师的教科研水平。

2. 构建任务驱动的研修方式

校本研修活动不仅要让参与的教师人在现场，更要让其心在现场。在活动开始之前，组织者要将活动内容前置，便于参与者提前熟知活动的内容，并就活动主题及活动内容进行自己的先行思考；而在活动过程中，可以使用任务驱动的方式，促使每一个参与者的思维都运转起来。例如，在我校以"培养学生符号意识"为主题的数学组校本研修活动当中，教研组长在活动前一两周就搜集了多篇关于该主题的文章，引导大家认真学习，并进行前置性的问卷测查。活动以观摩课的形式展开，数学组教师带着观课量表走入学生当中，及时记录学生的交流、表达、研讨等相关情况。课后，分小组汇报收集到的学生现场学习的样态。教研组长借助"问卷星"工具，组织大家参与"符号意识"相关问题的竞答。在此基础上，相关人员结合课程标准，展开"如何培养学生符号意识"的讲座交流。

四、我们的成效

　　校本研修不仅关注研修的结果，还关注研修的过程。对校本研修的过程，要通过多样的形式交流、展示，以推动研修质量的稳步提升。校本研修活动成果的展现形式很多，有过程性的，也有结果性的；可以是教师个体的，也可以是学习共同体的。每次校本研修活动都要有成果积淀、有综合评价考核、有微信推送、有活动记录；要及时"晒一晒"每个阶段的研修活动，晒设计、晒方案、晒课堂等。每次校本研修活动完成之后，都要整理本次活动的所有资源，包括主题的确立、方案的制定、资源的搜集、现场的观摩、过程的互动、经验的反思等，形成每次活动的资源包。多个资源包的累积，就形成了学校或者某个教研组的课程资源。在校本研修活动之后，组织者还要实时跟进，促使教师将研修所得转化为实际的教学行为。

　　日日行，不怕千万里；常常做，不怕千万事。随着校本研修制度的逐步完善，校本研修的站位越来越高，体系越来越完善，逐步激活教师的自我发展愿望和内驱力，教师如春起之苗，教学水平日有所长。校本研修不驰于空想、不骛于虚声，在发现资源、引进资源中助推教师发展，在校本研修、同伴互助中实现教师自主发展，在教师自主发展中生成新的校本资源，实现教师可持续发展。优秀的教师走出学校、走出松江，甚至走出上海市参加比赛和评比、开展专题讲座，这是一种校本资源的输出。在这个输出过程中，教学相长，老师继续努力，继续提高自己，学校的知名度也越来越高。

第三节　以教研组建设为重点，构建教师学习共同体

加强教师队伍建设，促进教师专业发展，关键在于学校教研组建设。有的学科组人员数量较少，无法落实有效的校本研修，导致教师专业培训流于形式。有的学科组缺乏骨干引领教师，校本研修停留在一般层面的讨论与学习上，只能是萝卜炒萝卜，无法实现质的提升。所以，对学校来讲，要以教研组建设为重点，积极构建教师学习共同体，推动教师群体的学习、反思、研讨与总结，逐步提升教师教育教学能力，努力实现教师团队的专业发展。

一、正确认识教研组工作职责

学校要加强教研组组长的培养，引导学科组长正确认识教研组工作职责：（1）制订年度教研计划；（2）组织教研活动；（3）指导教学；（4）配置教学资源；（5）评估教学质量；（6）管理教研经费；（7）与教务处进行对接；（8）开展教师培训；（9）进行教学改革研究；（10）进行教研成果的总结与宣传。各学科组长要根据工作职责，制订本学科组的教研计划，明确教研的主题和任务，落实教研活动的具体内容。要加强教师专业发展的指导，开展各种形式的听课研讨活动，正确把握学科教学的要求，科学设计

教学方案，有效落实学生活动。要积极开展质量监测活动，全面掌握学科组教师的教学情况和学生的学习情况，推动学科组教师有效提升教学质量。要深入推进教师培训工作，聚焦课堂教学的中心工作，组织开展基于学科主题的教学研讨。要积极探索学科教学有效手段和科学方式，引领学科组教师的专业研究和共同成长。要积极参与教学改革实践，认真梳理学科组成功的经验和方法，努力进行理性的分析和科学的总结，逐步形成学科组建设的策略和措施，从而扎实推进教研组建设，推动合作型团队的成长和发展。

二、正确认识学习共同体和教师学习共同体

"学习共同体"是指一个由学习者及其助学者（包括教师、专家、辅导者等）共同构成的团体，他们彼此之间经常在学习过程中进行沟通、交流，分享各种学习资源，共同完成一定的学习任务，因而成员之间形成了相互影响、相互促进的人际联系。建立学习共同体是满足学习者的自尊和归属需要的重要途径。在学习共同体中，学习者感到自己和其他学习者同属一个团体，进行共同的学习活动，遵守共同的规则，具有一致的价值取向和偏好。学习者对共同体的归属感、认同感以及从其他成员身上得到的尊重感有利于增强学习者的参与程度，维持他们持续、努力的学习活动。学习者与辅导者进行交流，同时与同伴进行交流和合作，共同建构知识、分享知识。在沟通交流中，学习者可以看到不同的信息，看到理解问题的不同角度，而这又促使他们进一步反思自己的想法，重新组织自己的理解和思路。

教师学习共同体是教师基于学习共同体自主组成的学习组织。在教师学习共同体中，所有教师成员不但具有明确的学习目标，而且还可以面对面地沟通、交流，及时解决教学问题。教师学习共同体的组建是为了解决教学过程中遇到的真实问题，并在教师共同学习、解决问题的过程中，深化教师间的交流协作，强化教师间的精神共鸣。

三、努力构建教师学习共同体

（一）营造学习共同体氛围

要通过教师学习共同体的构建，为教师的学习创造良好的氛围。教师往往忙于自己的教育教学实践，聚焦具体问题的分析和解决。建设学习共同体，可以让教师们有机会集合起来，有时间探讨教育教学中的问题，在纷繁复杂的问题中找到关键要素，在持续深入的思考中形成解决问题的系统方法，在探索实践的过程中掌握破解问题的有效举措。广大教师专心于教育教学的实践工作，但是缺少学习与研讨的氛围，缺乏深入的分析和思考，缺乏教育研究的科学方法。所以，学习共同体提供了有效的组织保障，建立了系统的研讨机制，为教师的相互学习、共同成长提供了坚实的保障。

（二）建立健全学习机制

要真正发挥学习共同体的作用，就要建立健全学习共同体的学习机制，让学习共同体成为一个科学的组织，而不是一个松散的团体，并制定完善的学习制度。要建立学习共同体的组织架构，进行系统的人员分工，落实活动的组织、管理、协调与任务的考核评价等，确保所有成员积极参与共同体活动。要制订共同体活动的计划，确定每个月的活动项目，落实活动研究的主题，联系相关的专家，借助专家的力量开展研讨活动，切实提升共同体学习的水平。要制定共同体活动的考核制度，规定参加活动的次数要求，确保共同体成员活动的参与程度，规定共同体成员的学习任务，规定具体的研究报告或研究案例的数量，推动成员自觉开展研究、认真撰写研究报告等。

（三）积极开展学习活动

　　学习共同体建立之后，要鼓励成员积极开展学习活动。要召开共同体成员会议，共同交流教育教学中的主要问题或突出矛盾，寻找本学年的研究思路或者研究重点，寻找共同的研究方向。要挑选合适的学习资料，组织共同体成员开展自学活动，认真学习相关的教育理论，切实提升成员的思想认识和理论水平，帮助成员更加准确地把握问题核心，确保研究方向的科学性和正确性。要定期组织开展专题研讨活动，要求成员提前做好研讨准备，提交相关的研讨准备资料，确保研讨活动内容明确、中心突出。要丰富研讨活动的形式，从头脑风暴式的问题发现，到教育教学的实践活动、先进学校的学习考察、市级专家的点拨指导，再到研讨小组的集思广益，要让学习共同体的活动丰富多彩、扎实有效。

四、发挥教师学习共同体的作用

（一）建立和谐的教师关系

　　学习共同体的构建，能够促使教师团队建立和谐的成员关系。传统的学校教师往往忙于各自的工作，缺乏相互交流沟通的机会；往往忙于具体问题的解决，缺少对问题的深入思考，总是反复面对教育教学问题，却无法形成解决问题的系统思维。在学习共同体的研讨交流中，教师有充足的机会交流自己的教育教学实践，交流自己的教育教学困惑，有一个更好的交流渠道，教师的心靠得更近了。在学习共同体的研究实践中，教师需要提出自己的思考、陈述自己的观点和认识、分享自己教育研究的智慧，如此可以让教师产生更多的认同感和归属感，从而让教师更乐于参与共同体活动。在学习共同体的活动中，教师得到了更多的交流机会，得到了更多的了解他人、探索问题的机会，能够从更广的角度来看待问题、分析问题、思考问题。

（二）推进教师的教学实践

　　学习共同体的建立，能够有效推进教师的教学实践。今天的教师具有强烈的责任心和事业心，能够专心致志地从事教育教学活动，同时也被教育教学活动束缚，整天忙于各种事务性活动，忙于各种具体的教育工作，成为一个个具体的事务员。但是社会在不断发展变化，教育也在发生根本的变化。今天的学生学习渠道更多元，见识更加开阔，思想更加丰富。教师用传统的思想认识去教育和引导学生，往往难以让学生产生共鸣。今天的课堂教学更加灵活，教学手段更加多元，学生活动更加丰富。教师不能只用传统的讲解来传授知识，不能只用练习的方式来培养学生的思维能力。学习共同体的交流与研讨，帮助教师更新自己的教育观念，改变课堂教学方案，丰富课堂教学活动，使教师更多地关注学生的学习与成长，提供更多让学生学习、体验、交流、实践的机会，让课堂变得更加丰富多彩、更加生动活泼。

（三）促进教师的教学反思

　　学习共同体的建立，还能够有效促进教师的教学反思。传统的教学中，教师往往聚焦学生学习中的错误，总是在思考为什么学生会有这样的问题，往往要求学生投入更多的学习时间、进行更多的训练，但是很少反思自己的教学工作，不会主动思考自己教学上的问题和不足。学生的学习遇到障碍、产生问题的时候，其实就是学生的学习需要帮助的时候，教师要进一步思考如何去帮助学生、如何化解学生的困难。教师要分析教学内容是否难度较大，教学活动是否连贯，教学思路是否进行了有效拓展。教师要分析学生难以理解的原因、阻碍学生思考分析的原因，分析如何在课堂上设计相应的活动，如何推动学生的体验和感悟。教师不能把教学的问题简单归因于学生的认识问题、能力问题，而是要反思自己的教学存在的不足、教学指导的偏颇。要针对学生的问题，提出相应的解决方案，提供相应的学习活动，帮助学生更好地理解、认识和感悟，从而有效解决学生的学习困难。

（四）形成系统的学习资源

学习共同体要通过持续的学习与研讨，形成系统的学习资源，从而有效帮助教师的专业成长。要积极寻找教师学习资源，根据不同年段教师的教育任务，形成系列的学习资源，帮助教师持续学习。要梳理教育教学中的重点问题，根据不同年级学生的学习困难，形成系统的问题清单，比如语文教学中学生的词汇掌握、写话训练、语篇理解、文章写作等的问题，要聚焦这些重点问题，形成有效的研讨方案，逐步找到解决问题的思路和方法。要汇集整理教师的研究报告，形成系统的研究成果，供教师相互学习、相互借鉴，帮助后来的教师更好地解决教育教学中的问题，从而有效提升教师教育教学能力。

第四节　以中国式现代化为引领，完善教师专业培养

党的二十大报告提出，以中国式现代化全面推进中华民族伟大复兴。2021 年，我国各级各类专任教师总数已达 1 844.4 万人，支撑起了世界上最大规模的教育体系，也成为推进中国式现代化的重要力量。站在推进中国式现代化战略全局的视角上，我们应跳出教育看教育、立足全局看教育、放眼长远看教育，分析当前存在的问题并谋划推进新时代教师队伍建设的策略，全力打造高质量教师队伍。

一、站在中国式现代化全局认识教师专业发展的必要性

（一）适应教育现代化的需要

中国式现代化要求教育加快现代化步伐，以适应国家发展的需要。教师作为教育工作的实践者，必须不断更新教育观念，提升教学技能，以适应教育现代化的要求。教师专业发展能够提高教师的综合素质和教学水平，使教师更好地适应现代化教育的需求，为培养高素质人才奠定基础。

（二）提高教育教学质量的需要

高质量的教育教学是培养高素质人才的关键。教师作为教育工作的主体，其教学能力和水平直接关系到教育教学的质量。只有具备专业化素养的教师，才能更好地驾驭课堂，引导学生掌握学科知识，培养学生的思维能力、创新精神和实践能力。教师专业发展能够提升教师的教学水平和能力，从而提高教育教学质量。

（三）促进学生全面发展的需要

中国式现代化强调培养学生的全面素质，注重学生的个性发展和终身发展。教师作为学生成长过程中的重要引导者，需要具备能引导学生全面发展的专业知识和能力。教师专业发展能够使教师更好地掌握教育教学理论和方法，了解学生的身心发展规律，掌握培养学生全面素质的技能，从而更好地促进学生全面发展。

（四）推动教师职业持续发展的需要

教师职业的发展是一个持续不断的过程。随着社会的发展和教育的变革，教师要不断更新知识和技能，以适应职业发展的需求。教师专业发展

能够使教师掌握教育教学的最新理论和技能，了解教育行业的最新发展趋势，推动教师在职业上的持续发展，从而更好地满足教育事业的需要。

二、中国式现代化教师专业培养路径

随着中国式现代化的推进，教育事业也正在快速发展。教师作为教育工作的核心力量，其专业培养的重要性不言而喻。我们从现代化教育理念的形成、学科能力的培养、教学实践能力的培养、教育科学研究能力的培养，以及制定专业发展长远规划五个方面，探讨如何培养中国式现代化建设所需的优秀教师。

（一）现代化教育理念的形成

树立现代化教育理念是教师专业培养的核心。教师应该着眼于培养学生的创新精神、实践能力和综合素质，而非仅仅关注学生的成绩。要注重学生的个性发展和全面素质的培养，倡导自主学习、合作学习和探究学习，以使学生适应现代化社会发展的需求。同时，教师还应具备跨学科的教学能力，引导学生多角度、多层次思考问题，培养其综合素质。

（二）学科能力的培养

教师的学科能力是教学活动的基础。教师应该系统地学习学科知识，掌握学科的基本理论、基本技能和基本方法。同时，教师应该关注学科发展的前沿动态，不断更新自己的学科知识体系。此外，教师还需要学习教育教学理论，掌握现代教学方法和手段，以便更好地传授学科知识。

（三）教学实践能力的培养

教学实践是教师专业培养中不可或缺的环节。教师应该学会如何实施课程教学，合理安排教学时间和教学进度，确保教学质量。教师应该学会如何备课，明确教学目标和教学内容，制订教学计划。此外，教师还应该掌握组织教学的方法，关注学生的学习状态和学习反馈，及时调整教学策略。最后，教师还应该具备评价学生的能力，采用多元的评价方法，了解学生的真实水平和需求，给予合理的反馈和指导。

（四）教育科学研究能力的培养

教育科学研究是提升教师专业水平的重要途径。教师应该学会如何进行教育科学研究，包括如何选择研究课题、如何进行文献综述、如何设计研究方案、如何收集和分析数据、如何撰写科研论文等。通过教育科学研究，教师可以了解学科领域的最新研究成果和发展趋势，提高自身的学术水平和研究能力，为教学实践提供有力的支持，实现教育理论和实践的有效结合，实现有效教学。

（五）制定专业发展长远规划

制定专业发展长远规划是教师实现自我价值的关键。教师应该评估自己的教学能力，了解自己的优势和不足之处，明确自己的专业发展方向。教师还应该寻找自己的教学特色，结合自身的特点和教学实践经验，形成独特的教学风格。此外，教师还需要不断更新自己的教育观念，关注教育行业的最新变化和发展趋势，积极学习和掌握新的教育理念和方法，提升自身的专业素养和综合能力。

三、中国式现代化教师专业培养的校本化实践

（一）完善规划制度，推动自主发展

一直以来，学校重视师资队伍的建设，从规划引领、制度保障、内需驱动等方面，全面推动学校师资建设工程，做到三个"明确"。

1. 规划引领，目标明确

学校根据学校五年发展规划，结合办学特色和发展目标，讨论制订上

经贸大附校强师兴教三年行动计划、学校师资队伍建设年度工作计划。明确发展目标，立足"职前教师、见习教师、青年教师、骨干教师"四个层面，推进教师梯队培养，并提出不同的发展目标，有层次、有梯度地促进教师专业成长。通过学校规划、年度计划、分层目标，为学校教师的专业持续发展提供目标导向。

2. 完善制度，职责明确

科学有效的管理是制度落实的重要保障。我校确立了以校长和书记为引领，以教育、教学副校长为核心，以师训处为依托，以教导处、政教处为协调的多层级、多部门的协调管理机制。同时，通过定期召开校务会、教代会等会议，建立、健全了一系列制度与评价细则。良好的制度保障是有效落实专业化发展的基石。我校围绕教师发展，先后制定了《教师职业道德规范》《师德承诺书》《上经贸大附校"博雅"教师评选细则》《上经贸大附校见习教师规范化培训考核实施方案》《上经贸大附校骨干教师奖励实施方案（讨论稿）》《上经贸大附校优秀教研组评比条例》等制度和规范。从职业道德、教师评比、规范考核和教师奖励等维度，做到关注个人、放眼团体，为教师专业发展提供切实可靠的管理保障和制度保障。

3. 自主发展，内需明确

教师自身专业发展的需求是推动教师成长的最大内驱力。学校注重激发教师个人的发展内需，要求每位教师能够充分、客观地分析自我，明确自身的专业优势和发展空间。在学校规划的引领下，教师从聚焦教学研究、改进教学行为、改善师生关系、提升教学实效等维度制定个人三年发展规划。每学年末，根据其计划达成情况和专业成长情况，实行由教师自评和学校评价相结合的多元评价。基于目标导向，把握发展方向，实施多元评价监督，激发教师自主发展的内生动力。

（二）落实分层培训，促进个性发展

一直以来，学校致力于青年教师培养、骨干教师梯队建设等主线工作，采取分层培养模式，为各层级教师搭建学习、实践、交流的平台。积极构建"见习教师""青年教师""骨干教师"及"学科名师"等不同层级教师的专业成长通道，逐级晋升、循序渐进，赋能个性化发展。

1. 强规培，赋能见习教师成长

（1）管理保障到位，确保培训质量。

作为松江区见习教师规范化培训基地，学校每年承担来自十几所学校近三十位见习教师的规范化培训工作。见习教师培训工作从职业感悟与师德修养、课堂经历与教学实践、班级工作与德育体验、教学研究与专业发展四个方面逐一展开，做到提前统筹安排，集中培训与实践指导相结合。对培训时间、指导教师、培训内容和培训方式进行统一规划，确保浸润式培训、主题式培训的高质量开展。同时，在区级、校级骨干指导教师的示范引领、协同推进下，我校将四个板块十九个培训要点通过讲座、专家指导、自我实践、课堂观摩等方式逐步落实，确保经过一年的培训实践，本基地见习教师都能形成良好的教育教学行为规范，胜任本职工作。

（2）夯实教育常规，优化培训方法。

基地将见习教师的培训指导融入平时的教育教学常规，融入教研组、年级组的团队学习中。见习教师在课堂观摩、新课标学习、各种教研组活动中实践和成长。通过教育指导师傅的言传身教，充分发挥团队的力量，让他们知常规、学常规、行常规。见习教师的培养也成为教研组和年级组考核的重要指标之一，已经融入教学的各个层面，并取得了非常好的效果。

（3）主题评比契机，丰富培训内容。

任务驱动下的学习通常效果显著。学校将多个培训内容组合成一项主题式评比，通过团队研讨式"赛课"，让见习教师边学边练，快速提升教育教学实践能力。第一学期举行"立足班级实际，提升班会实效"德育主题考核课评比系列活动。第二学期举行"菁智课堂"教学汇报课及师徒展示课活动，对见习教师的教学设计、模拟课堂和教学展示课进行跟踪深入式指导。通过一次次的打磨实践，学校已经涌现出一批教风扎实、勤于思考的优秀教师。

2. 多举措，助力骨干教师发展

（1）借力专家引领，提升课堂实效。

学校不断引进优质培训资源，依托城乡携手共进项目，邀请市区级专家定期开展专题指导。加强校本研修，做到教研与培训相结合，使教师课堂教学能力不断提升。学校先后开展中层管理团队培训、学科单元作业设计培训、项目化实施培训等专题培训20余场次，城乡携手驻校专家团队及市区级专家团队共计听课百余节。内强校本研修，外请专家引领，内外兼修，赋能各类教师专业成长，有效提升课堂教学实效，助力学校教学质量的显著提升。

（2）加强区域合作，提升专业水平。

眼界决定境界，学校大力支持教师打破界限，广泛学习。先后组织教师前往静安区同济大学附属七一中学、静教院附校、黄浦区第一中心小学、上海市实验学校、静安区万航渡路小学、上海市进才中学国际部进行各科听课、参观交流，观摩名校学科教研，汲取他校文化建设先进经验，提升教师的综合素养。此外，不同学科教师积极参加各类全国教学研讨会、上海市书法家年会；管理团队部分领导参加各类研修峰会；学校还与杭州市萧山区银河实验小学教育集团、日喀则市定日县骨干教师培训班、广西南宁代表团、绍兴文理学院附属中学等建立区域合作。让不同学科、不同领域的教师"走出去"，广泛学习和交流各省（区、市）优秀的教育教学经验，在合作发展中努力提升教师的专业水平。

（3）依托特色课程，成就特色老师。

学校在课程实施过程中，鼓励教研团队开发校本课程，激发教师整体理解课程、把握课程的学习需求和学习能力。教师结合自身专长，开设深受学生喜爱的各项课程，设立了诸多社团和兴趣课，如手风琴乐团、民乐、机器人、玛塔编程、琵琶社团、毛笔字课程，等等。手风琴乐团创设三年以来荣获多个国际金奖；弘扬中国传统文化的书法课程的成功推广让学校成为上海市中小学书法试验校；玛塔编程作为科创常青社团，立足儿童实体编程并开发实体编程教学资源，已获得市级青年实践研究项目立项。

（4）打造实践平台，赋能个性成长。

学校为各层级教师打造教学实践平台，通过"推出去"的方式，借力各级各类课堂教学评比，以赛促教。入校1—5年的青年教师参与"菁智课堂 精彩飞扬"青年教师课堂教学大赛、"秉烛杯"教育集团课堂评比等；骨干教师参与"博雅课堂 共生共长"系列展示；学科名师参与"名师工作坊""师徒展示课"等。两年来三位教师承担市级"空中课堂"执教任务，成为附校课程教学的名片；骨干教师在区中青年教师教学评比中荣获等第奖的有5人，在区1—5年教龄青年教师教学评比中荣获等第奖的有5人。

（5）聚焦实际问题，开展分层研修。

学校在常规教研上落实两周一次大教研、一周一次小教研，保证教学研讨时间充足。在内容安排上紧抓备课、上课、作业、辅导、反馈等教学基本环节，夯实年轻教师教学基本技能。学校积极搭建不同平台，开展分层研修，提升研修效果。学校成立"博雅教师青年工作坊"，开展问卷调研，了解老师的发展方向和培训需求。通过调研发现：观摩本学科优质课（88.87%）、案例式研修培训（70.06%）是青年教师最喜欢的研修方式；在教育教学中，通过师徒带教（83%）和备课组教研（74.24%）得到的帮助最大；青年教师在教育教学方面获得提升的欲望强烈，对教育科研抱有一定兴趣。基于问卷调研和教师访谈，学校在第一学期开展"博雅课堂　共生共长"骨干教师课堂展示活动，举行"薪火相传　携手共进"校级拜师结对活动等。学校在第二学期开展"菁智课堂　精彩飞扬"青年教师课堂教学大赛，以各教研组为单位，从教学设计、说课比赛和课堂评比等环节分步落实，关注教研组青年教师教学常规落实情况，聚焦教师的专业发展，契合教师实际发展需要，扎实推进校本研修。

（6）搭建科研平台，深化校本研修。

学校倡导"教研科研一体化"，鼓励每一位教师立足教育教学，确立自主研究问题，通过撰写案例、论文的方式，进行深入思考，进一步完善教育教学工作。与《基础教育参考》《新课程》《大众心理学》等杂志建立合作关系，为教师积极搭建有效的展示平台；开展一系列丰富多彩的活动，为教师提供科研展示平台：举行"研途有我"主题式征文比赛；结合区级比赛，进行"聚焦学科教学，聚力立德树人""强化家校合作，提升教育合力"主题征文活动；积极推进市、区级的多项征文比赛。学校科研征文获区级及以上奖82项，发表于区级及以上刊物的论文有10多篇。为深化备课组、教研组主题式校本研修，学校鼓励骨干教师开展课题研究，通过以点带面，引领团队发展。学校加强相关科研培训，营造浓厚的科研氛围，促进教师科研能力提升。

　　中国式现代化教师专业培养要注重现代化教育理念、学科能力培养、教学实践能力培养、教育科学研究以及专业发展长远规划等方面。只有这样，才能培养出一批具备创新精神、实践能力和综合素质的优秀教师，为中国的教育事业做出更大的贡献。

第七章　学生成长：学识广博，品行高雅

第一节　以"博雅教育"为价值取向，成就博雅学子

按照习近平总书记扎根中国大地办教育的要求，基础教育学校要全面贯彻党的路线方针政策，要切实担负起为党育人、为国育才的教育使命。作为基层学校，上经贸大附校积极探索博雅教育，关注学生发展需求，深入实施"五自"教育，努力实现"六自"发展目标，在提升学生的核心素养上积极探索、不懈努力，逐步形成自己的办学思想和教育方法。

一、正确认识学校教育的育人使命

《义务教育课程方案和课程标准（2022 年版）》明确提出了培养目标：义务教育要在坚定理想信念、厚植爱国主义情怀、加强品德修养、增长知识见识、培养奋斗精神、增强综合素质上下功夫，使学生有理想、有本领、有担当，培养德智体美劳全面发展的社会主义建设者和接班人。基础教育学校要认真落实总书记的讲话精神，认真贯彻党的教育方针，坚持扎根中国大地办教育，努力实现为党育人、为国育才的教育使命，在品德修养、知识见识、奋斗精神、综合素质上下功夫，努力培养有理想、有本领、有担当的时代新人。

二、积极探索博雅教育的价值追求

学校积极实施"文化＋特长"发展战略，确立"学识广博、品行高雅"的育人目标，明确"以提高教育质量为中心，以打造高效课堂为重点，以学生个性发展为目标"的总体发展思路，积极打造博雅教育"管理特色、教育特色、课程特色、教学特色、活动特色"五大品牌，积极实践"勇于进取、乐于合作"的校训精神，积极弘扬开拓创新、务实进取的校风，博学善教、敬业爱生的教风，勤学善思、乐学好问的学风，关注学生发展五项品行——理想信念、诚实守信、家国情怀、责任担当、意志品质，深入实施"五自"教育——自主规划、自主学习、自主管理、自主评价、自主调整，重视培养学生五项能力——学会学习、学会运动、学会交流、学会合作、学会创造，努力实现"六自"发展目标——生活自理、行为自律、安全自护、学习自主、文明自觉、理想自信，积极培养"学识广博、品行高雅"的附校学子，积极打造与松江新城发展同频共振的优质学校。

三、深入推进博雅学子培养行动

（一）实施"五自"教育，促进学生自主成长

1. 落实自主规划

学生要学会自主规划。学校有培养目标，家庭有教育期待，但关键是学生要有自主规划。同样的学校培养出了不同的学生，同样的家庭培养出了不一样的子女，究其原因，就是学生的自主规划有差异。希望成为怎样的人，希望未来过怎样的生活，希望能够为社会做什么，是每个学生需要考虑的。

2. 落实自主学习

学生要学会自主学习。要思考怎样提高自己的理解能力：上课要认真听讲，积极思考解决的方法，勇于交流自己的设想，积极探索学习的有效路径。要思考如何高质量完成练习作业：认真阅读作业题目，分析题目的条件和要求，积极探索解答问题的思路，仔细书写解题的步骤，及时交给老师批改，主动进行错误订正。要积极开展课外学习活动：根据老师推荐的书目进行阅读，阅读不同题材的文学作品，了解不同学派的知识体系。要积极依托社会资源，参加相关的学习拓展活动，如语言交流、英语学习、戏剧表演等，丰富自己的学习渠道，开拓自己的学习视野，提升自己的学习感悟，培养自己的综合素养。

3. 落实自主管理

学生要学会自主管理自己的生活，合理安排自己的生活起居，确保足够的早餐时间，保证按时到校。养成良好的膳食习惯，不挑食、不偏食，切实落实光盘行动，养成勤俭节约的好习惯。学会自主管理自己的学习生活，准备学习用品，整理学习材料，保存学习资料。养成劳动好习惯，积极参加家务劳动，完成力所能及的衣服洗涤、卫生打扫、餐具整理等事务。积极参加班级值日劳动，打扫卫生、清理讲台、及时做好餐后整理等。

4. 落实自主评价

学校要引导学生关心自己，正确评价自己。学生要分析自己的长处，增强自己的信心。发现自己的不足，查找问题所在，探索解决办法，寻求相应的帮助，促进自己的发展。听听同伴的评价，换个视角认识自己。客观地认识和分析自己，寻找自己的优点，发现自己的不足，找准问题所在。借助同伴的帮助，找到改进的方向，从而努力做最好的自己。

5. 落实自主调整

学校要关注学生发展的不同情况，引导学生学会自主调整。加强学生的心理教育，利用专题教育活动，开展分年级系列心理课程教学，了解不同阶段学生可能遇到的心理问题，帮助学生学习心理知识，学习有效的消除心理困惑的方法。指导学生学会自我调整，根据年龄的增长和学业难度的提升，让学生正确地评估自己的学习基础和学习能力，合理调整自己的发展目标，调整自己的心理预期和心理感受，从而消除学习上的压力、情绪上的困惑、心理上的障碍，改变过度与他人比较、过于注重学习结果的传统思维。让学生与自己的纵向成长做比较，通过努力逐步实现自己的进步和发展，努力做最好的自己，而不是过于注重学习成绩上的简单排名。

（二）聚焦"六自"目标，实现学生全面发展

1. 实现生活自理

学校关注学生自主能力的培养，切实解决当前家庭教育存在的不足和缺陷：家长缺乏关于学生成长的正确观念，过度溺爱学生，缺乏明确的能力培养。学校要发挥班主任的教育作用，从学生的未来成长角度出发，从生活细节入手，发挥班队课、午会课的作用，落实学生基本生活技能的训练和指导。落实学生生活自理教育，引导学生做好个人卫生工作；过好日常生活，安全快乐地过每一天；做到健康饮食，不挑食偏食；学会整理物品，自主整理学习用品等。引导学生参与集体活动，学会合作交流，会做简单劳动，如打扫、整理等。在循序渐进的培养下，逐步指导学生实现生活自理的发展目标。

2. 实现行为自律

学校要切实担负起教育的职责，发挥学校教育主阵地的作用，全面落实学生的行为规范教育。要形成统一的行为规范要求，落实具体的教育内容，强化学生行为规范的训练，努力培养有理想、有本领、有担当的新时代好少年。教育学生要：尊敬国旗、国徽，升旗时行队礼；尊敬父母，主动承担家务劳动；关爱同学，能够相互帮助支持；诚实守信，能够自觉遵守诺言；衣着整洁，认真做好个人卫生工作；爱护公物，自觉节约水电、粮食；自我保护，自觉遵守交通法规；珍爱生命，自觉防火、防电、防灾；趣味高雅，拒绝不健康读物；遵纪守法，不参与不适合的活动。只有落实具体的教育，才能真正落实学生的成长引导，才能让每个学生清晰地知道自己的行为边界，不会陷入迷茫和自我失控。

3. 实现安全自护

针对校园学生安全事故易发、学生安全意识不强、自我保护能力欠缺

的问题，学校要正确把脉问题根源，深入探寻有效对策，认真落实教育措施，切实加强学生的安全教育和指导。教育学生要：依次有序行走，不奔跑打闹；懂得安全防护，不攀爬跳跃；合理使用用具，防止误伤他人；注意饮水安全，小心防止烫伤；懂得自我保护，不私自戏水游泳；遵守交通法规，不违规出行；牢记消防安全，不随意用火玩火；注意用电安全，及时关闭电器；注意网络安全，防止网络诈骗；加强自我防护，防止意外伤害。开展系列化的教育引导，帮助学生了解安全教育内容，掌握安全防护技能，培养安全自护的意识。让每个学生成为自己安全的第一责任人，让家长实实在在地配合学校的安全教育。

4. 实现学习自主

学校在教书育人的实践中，不仅要关注学生的知识学习，还要培养学生的学习能力。经历学习训练、通过检测评估、完成学习任务都是必要的活动，但是更要教育学生自主学习，让学生的学习活动成为一种自觉，让学习成长成为一种必然。教育学生要：上课专心听讲，正确领会教学内容之间的联系；积极参与学习讨论，逐步形成自己的观点；养成良好的学习习惯，掌握听说读写算的基本方法；独立按时完成作业，努力保证作业的正确率；学会深入分析思考，善于在问题中找到解决的思路和方法；敢于提出问题或想法，形成自己独立的判断和分析能力；自觉开展预习活动，找到学习中的困惑和问题；积极开展课外阅读，拓展自己的学习渠道，丰富自己的知识内涵，提升自己的思想感悟。

5. 实现文明自觉

学校要落实立德树人，加强学生思想教育，培养学生的必备品格和关键能力。要通过有效的教育引导，努力提升学生的文明素养，让学生做到文明自觉，遵守社会公德。教育学生要：热爱祖国，认真参加升旗仪式；关心集体，积极参加团队活动；乐于助人，主动帮助同学、邻居；尊敬师长，主动问好、自觉让路；遵时守纪，做到按时上学、放学；讲究卫生，养成良好的卫生习惯；热爱劳动，认真做好值日工作；保护环境，积极参与垃圾分类；努力学习，独立按时完成作业；诚实守信，虚心接受批评教育。在日复一日、年复一年的教育训练中，落实未成年人思想道德教育，使其切实提升文明素养、不断提升道德品行。

6. 实现理想自信

学校要加强学生的理想信念教育，引导学生树立远大理想，制定明确的个人奋斗目标，激励自己不断前进、努力提升。加强学生自信心的培养，引导学生勇于担当、自信自强。学生在成长的道路上，离不开教师的教育与引导，离不开学校教育的影响和转变。教育学生要：敢于表达自己，勇于接受挑战；勇于肯定自己，懂得尊重他人；正确认识自我，乐于接纳自己；肯定自我行为，善于自我鼓励；乐于进行学习，不断充实自己；坦然面对失败，保持乐观自信；勇于接受挑战，学会自尊自强。学校要激励学生：对自己有信心，能够沿着制定的目标不断前进；勇敢接受挑战，不畏艰难险阻；积极参与实践锻炼活动，在拼搏奋斗中坚定理想信念、铸造顽强品格。

（三）落实教育引导，促进学生健康成长

1. 培养学生的思想道德

教师要培养学生的思想道德，引导学生树立正确的政治思想，热爱中国共产党，热爱祖国，热爱人民，努力做社会主义事业的建设者和接班人。学生要弘扬社会主义核心价值观，切实做到爱国、敬业、诚信、友善，自觉遵守中小学生守则，认真履行学生的职责和义务，勤奋学习、积极进取，做到诚实守信，自觉维护社会秩序和社会公德。要友好待人，尊敬师长、友爱同学、相互合作、理解宽容。学校要加强学生的思想道德教育，培养学生知法守法，养成良好的行为习惯，养成健康的生活方式，自觉做新时代的好少年。

2. 培养学生的扎实学识

教师要加强对学生的学习指导，培养学生的扎实学识。要深入分析学生的学情，了解学生的学习基础和学习能力，分析学生的学习困难或障碍，了解学生的学习需求，引导学生认真学习，充分理解学科知识内容，积极开展知识运用与实践。加强学生的作业训练，巩固基础知识和技能，培养知识应用能力。及时批改学生作业，了解学生的训练情况，掌握学生的学习问题，及时进行学习辅导，帮助学生扫清学习障碍。加强学生的学习检

测，获取学生学习反馈，正确评价学生的学习情况，促进学生扎实掌握学识，顺利完成学习任务。

3. 培养学生的奋斗精神

教师要培养学生的奋斗精神。中小学生学习科目不断增多，学习难度不断提升，训练方式不断变化，必然会遇到各种学习问题、学习困难和学习障碍，所以，教师必须培养学生的奋斗精神。要教育学生：遇到问题不要害怕，要积极寻求解决办法；遇到困难不要慌张，要分析造成困难的原因，思考解决困难的措施；遇到障碍不要灰心，要有乐观的心理预期，有不畏艰辛、勇于攀登的勇气，振奋精神，努力跨过这道坎、越过这座山。教育学生人生需要奋斗，需要奋勇向前的勇气，需要百折不挠的毅力。

4. 增强学生的综合素质

教师要增强学生的综合素质。除了让学生学习知识、开展训练、进行检测，更要加强其综合素质的培养。要加强学生的体育锻炼，指导学生学习体育技能，养成体育运动的习惯，掌握体育活动的技能。要加强学生的生活管理，提倡学生独立上学、自觉学习，养成良好的饮食卫生习惯，做到自己的事情自己做。要培养学生的团队协作意识，使学生学会融入社会和团队，懂得自我约束和团队配合，学会尊重他人，树立规则意识，能够融入社会和生活。

5. 培养学生的健康身心

教师要培养学生的健康身心。要认真落实体育教学，保障学生体育锻炼时间，加强体育技能的培训，落实学生体育锻炼的内容，从而增强学生的体质、强健学生的体魄、培养学生娴熟的体育运动技能。要关注学生的心理健康，加强学生思想状况的排摸，引导学生正确分析自己，找到自己的优点，发现自己的不足，明确自己存在的问题，从而正确认识自己、发展自己。要加强学生思想疏导，了解学生的心理问题或者障碍，及时开展心理疏导，分析造成问题的原因，指导学生解决问题，增强学生的信心，激发学生的乐观情绪，推动学生健康成长、快乐生活。

6. 培养学生的劳动能力

教师要培养学生的劳动能力。现在的家庭普遍比较溺爱孩子，常常包办学生自己的事情，剥夺了学生参与社会劳动的机会，忽视了学生参与社会劳动的体验感受，阻塞了学生学习技能和提升能力的渠道。教师要教育学生自己排队打饭，自己倾倒餐盘，自己整理课桌椅和书包柜，自己打扫班级卫生。教师要介绍家务劳动的要求，向学生布置家务劳动的具体要求，培训学生家务劳动的技能，推动学生完成家务劳动。要让学生学会洗衣服、整理房间、打扫卫生、整理衣物、洗菜做饭等。要推动学生参与家庭劳动，参与社会生活，加强与父母亲人的沟通交流，体验父母的劳累和辛苦，培养共同参与家务劳动的意识，树立家庭建设人人有责的责任意识，切实培养学生的劳动能力。

第二节 从"学会"到"会学"，养成学生良好的学习习惯

不同的学生受到不同家庭环境和家庭教育的影响，往往在学习上表现出不同的行为。学校的教师为了学业质量目标而提出统一的要求，希望能够促进全体学生的学习和进步，但是往往效果迥异，究其原因，是没有发现学生存在的差异，没有照顾不同学生的学习基础和学习能力。学校里自然会有不同层次的学生。我们今天的教育不应该过于聚焦学业质量，而是要聚焦学生的成长和发展。我们要把教育学生的目标从"学会"转向"会学"，这样才能真正地教育和影响学生，才能真正促进学生的学习和发展。

一、准确发现学生存在的学习问题

通过课堂观察和对学生群体的分析，我们能够比较清晰地发现学生存在的学习问题：（1）学习缺乏动力，往往是被动学习，以完成任务为

主。（2）学习习惯没有养成，不知道有效听讲和记笔记，学习效率比较低。（3）以接受学习为主，缺乏主动思考的意识，不会主动探究问题。（4）没有落实意志品质的培养，受不了学习的苦与累，学习上容易受挫。（5）缺乏认真做作业的精神，习惯于简单的抄写与练习，遇到难题往往束手无策。上述问题的存在，导致一些学生学习吃力，往往无法完成学习任务，经常受到老师的批评，慢慢对自己丧失信心，容易产生自暴自弃的心理，成为学习上的困难生、行为上的失范生。

二、准确把握学生学习习惯培养要求

教师和家长要加强学生的教育指导，根据不同年级的学生的特点，提出不同的培养要求，从而引导学生养成良好的学习习惯。对小学低年级学生来讲，要落实基础学习习惯的培养：要掌握正确的读书、写字姿势；要学会上课专心听讲，遵守课堂纪律，做到控制自我行为、举手发言；要认真完成作业，回家及时做作业，学会认真书写，确保字迹端正、书写规范。初中学生要学会制订学习计划，能够认真落实学习计划；要培养主动学习、勤于思考、善于探究的学习习惯；要培养学习的主动意识，形成对知识学习的渴望；要学会自主学习，独立、扎实做好学习中的每件事情，不让老师操心，少让家长担心；要学会利用各种学习材料，探索解决问题的方法和思路，实现自己的学习目标。

三、努力实现学生学习观念的转变

教师要深入学习新时代的教育要求，结合学生培养的新理念，实现教育观念的转变。教育不再是单纯的知识学习，不再是老师专业奉献的过程，而是教师推动学生学会学习的过程。教师在教学中更多地起着激励学生、引导学生、启发学生、点拨学生、帮助学生的作用，教师是辅助者、推动者和引导者，学生才是学习的主人。学生要实现身份意识的转变，不再是简单地接受知识，不再是反复地训练技巧，不再是考试的奴隶。学生是自主学习的主人，需要经历知识发生和转变的过程，需要自己的体验、感悟、实践和探索。学生要感受学习的过程，思考知识转化的原因，探索解决问题的思路。教是引导，学是自觉，教学是相互作用、共同成长的过程。

四、寻找培养良好习惯的有效路径

（一）教师要成为教育的领航员

1. 告知学生具体要求

学生进入校园，开始他们的学习生活，但是，他们并不知道如何进行学习，需要有人来告诉他们，需要明确具体的要求，才能顺利接受老师的教育。教师应告知学生具体的要求：要认真做好课前准备，遵守上课纪律，学会自我控制和自我约束，不能像幼儿园时那样自由自在；要认真听讲，不随便讲话和插嘴，认真听老师的指令和要求，根据指令采取行动；要学会控制自己的音量，学会无声默读、轻声讨论、小声说话、大声朗读；要学会听从指挥，根据老师的要求开展各种活动，有事要向老师报告，发言要提前举手。学生要知道这些具体的要求，学会自觉约束和控制自己，主动听从和遵从老师的指挥，从而逐步养成良好的行为习惯。

2. 落实学习日常反馈

教师要加强学生学习评价，落实学生学习日常反馈。在课堂教学中，要给予学生练习机会，帮助学生理解、领会知识概念，掌握学习内容；给予学生交流表达的机会，衡量学生是否正确运用知识，检查其解决问题的能力。在课后，要及时批阅学生的作业，了解学生作业完成情况，评价学生作业的正确率，衡量学生作业的负担和压力，及时给出学习情况反馈。要引导学生正确把握自己的学习情况，给予清晰的学习质量的反馈，督促学生改正作业中的错误。通过有效的课内课外学习反馈，评价学生的学习状况，反馈学生的学习水平，促进学生学习行为的养成和改进。

3. 加强师生沟通交流

教师要加强师生之间的沟通交流，了解学生的家庭状况，了解家庭教育的期望和要求，了解学生的学习目标和发展规划。要倾听学生的心声，询问学生是否能够独立完成作业任务、学习负担是否适宜、学习活动是否存在困难、同学相处是否融洽、是否发生矛盾和冲突。要进行及时的教育指导，指出学生行为上的不足、学习上的问题，反馈作业中的错误情况，督促学生及时进行改正，帮助学生寻找解决问题的措施。教师一定要全面了解学生的发展情况，正确把握学生的学习问题和成长困惑，给予及时的教育和引导。

4. 引领学生健康成长

教师要对学生的学习和生活负责，要通过教育教学活动，引领学生健康成长。要加强学生的生活教育，指导学生培养独立生活的能力，养成良好的卫生习惯、健康的饮食习惯，引导他们适应校园生活和学习生活。要加强学生的健康教育，引导学生认真学习体育技能，积极开展体育锻炼；引导学生学会正确评价和自我调整，了解自己的长处和不足，正确面对生活和学习上的压力，勇于经受各种挑战和竞争，养成积极健康的心理，学会从容地化解生活和学习中的困难。

（二）学生要成为学习的实践者

1. 明确学习目标

学生要发挥自我管理的作用，明确学习目标，找准自己的发展定位，制定自我发展的具体目标。很多学生往往缺乏学习目标，把学习作为一种任务，只是简单应付，根本不知道学习的真正目的。家长往往狭义地理解学习目标，简单要求学生考试得高分，认为分数高就行，完全不了解孩子的想法。教师往往忽视学生的差异，提出千篇一律的要求，完全不顾及学生的学习基础和学习能力，导致部分学生逐渐丧失学习的兴趣，甚至厌倦、逃避学习活动。不同的学生要根据自己的学习基础和发展愿景，找到自己的发展目标，争取做一个优秀、良好或合格的学生。在适宜的目标的引领下，学生能够主动投入学习活动，不断争取学习进步。每个学生都要根据自己的基础和能力确定不同的发展目标，而不是一味地追求最好或者最高，应该实现最适合自己的发展目标。

2. 端正学习态度

学生要明确自己的学习职责，切实端正自己的学习态度。在课堂学习上，要做到专心听讲、积极思考、主动发言；在作业训练上，要做到认真书写、字迹端正、卷面整洁、自觉检查；在课堂活动上，要做到积极参与、认真思考、相互合作、主动交流；在考核检测上，要做到认真准备、系统复习、整理归纳、分析总结；在集体活动上，要做到遵守活动纪律、听从活动指挥、学会自我控制、规范自己的言行。每个学生一定要端正自己的态度，规范自己的言行，才能在学习上不断进步和发展。

3. 养成学习习惯

提升学习效率，关键在于养成良好的学习习惯。每个学生都要养成认真听讲的习惯，仔细聆听老师或者同学的讲解，抓住其中的主要内容，思考领会中间的转换和联系，形成自主的理解和观点。要养成自主预习的习惯，提前阅读学习材料，理解大概意思，找出其中的困惑之处，提出需要解决的问题等。要养成整理归纳的习惯，及时订正错误题目，针对错题进行归类分析，找出其中的主要原因，学会将类似题目进行汇总，形成完整的知识变化和应用体系，从而破解学习中的典型问题，切实提升学习实效。

4. 掌握学习方法

学生要掌握科学的学习方法，不能一味地依靠做题训练，要切实提升学习的效率。要掌握朗读背诵的方法，理清内容之间的联系，建立相应的思维导图，逐步熟悉学习内容，通过有效的识记方法进行记忆。要掌握上课记笔记的方法，抓住学习的重点内容，及时记录重要的词语、公式，抓住老师的讲解思路，形成系统的学习笔记，辅助课后的复习活动。要掌握考试答题的方法，首先要通读题目，遵循先易后难的原则，先完成基础题目，做到基本知识不失分；要探索综合题目，建立分步解决的办法；要学会判断评估，对难度过高的题目，要暂时将其搁置起来，根据时间情况进行处理，确保自己能够完成大部分的题目和任务。学习需要努力，更需要智慧和方法。

5. 锻炼意志品质

要不断锻炼自己的意志品质。学习和体育训练、艺术训练一样，都不是一蹴而就的，需要长期的坚持和付出。要培养自己坚持不懈的意志，能够持之以恒地做好朗读、练习等活动，确保熟练地掌握基础知识和基本概念。要培养自己勇于实践的意志，能够围绕学习目标，坚持认真听讲、仔细作业、精心复习，充分用好自己的学习时间。要培养自己承受压力、面对失败的意志，不因为一次的失败而垂头丧气，不因为长期的努力却没有成效而失去信心，要勇于经受挑战，锤炼自己的意志品质。

（三）家长要成为学习的陪伴者

1. 观察学生学习表现

家长要切实担负起自己的职责，做好监护人的工作。要仔细观察学生的学习表现，注意学生是否经常开展课外朗读，是否具有开阔的阅读视野；要经常翻阅学生的作业，观察学生是否认真完成作业任务，是否保证较高的正确率，是否及时改正作业中的问题；要关心学生的上课表现，关注学生是否认真听讲，是否认真记录笔记，是否积极参与课堂活动，是否积极发表自己的观点和意见。通过观察学生的学习表现，家长就能对孩子的学习情况了然于胸，为后续的教育指导奠定基础。

2. 了解学生学习状态

家长要关心学生的学习和生活，注意学生的课堂表现，如：是否积极投入学习活动？是否积极开展交流研讨？是否保持浓厚的学习兴趣？要注意学生的作业质量，如：是否能够按时完成？是否有较高的正确率？是否及时完成订正任务？要注意学生的情绪状况，如：是否保持积极向上的心理？是否表现出垂头丧气的样子？是否经常地埋怨诉苦？家长要关心学生，要及时给予指导和帮助。

3. 关注学生学习困难

家长要关注学生的学习困难，不能停留于简单询问，不能满足于考试的结果。要询问学生哪门学科比较困难，询问存在的具体困难，询问学生是否能够自主解决。要询问学生作业时间情况，如：是否能够按时完成作业？是否能够自主解答问题？是否需要花费大量的课外时间？要询问学生对教师教育的理解领悟情况，如：是否能够理解老师的讲授内容？是否明白知识之间的联系和变化？家长一定要知道学生的真实思想和客观需求，针对学生的困难，提供有效的指导和辅助。

4. 提供有效的学习帮助

家长不能做学生学习的旁观者，而是要做陪伴者和护航者，要及时提供有效的学习帮助。家长要有清醒的思想认识，每个孩子都会在一定阶段遇到学习的困难，这是正常的现象。家长要了解孩子的学习困难，更要提供有效的学习帮助。发现学生背诵有问题，要督促学生进行朗读训练，帮助学生理解内容之间的联系，指导学生有意义识记的方法。发现学生作业拖拉，要指导学生作业的方法，让学生合理规划作业时间，正确评估自己的学习能力，先做简单的作业，遇到难题学会及时放弃，不要陷入作业难题而无法自拔。发现学生概念不清楚，可以选择有关的视频资料，引导学生进行学习，及时消除理解上的障碍。在学生有困难的时候，家长一定要及时伸出援助之手，帮助学生解决当下的困难。

第三节　落实家庭教育指导行动，全面提升家庭教育能力

上海对外经贸大学附属松江实验学校是松江区人民政府和上海对外经贸大学联合开办的九年一贯制学校，是松江区打造环大学城教育高地学校的重要举措之一，承担着为区域提供优质教育、展现上海对外经贸大学品牌的双重使命。同时，学校地理位置特殊，位于上海之根的仓城古镇，上海松江新城建设的核心区域。区域居民情况多样：既有大量动拆迁的本地居民，也有浦南农村进城的农民家庭；既有大量外省市引进的高端人才，也有从事一般工商业的人员。不同的文化背景、地域背景、社会生活背景，

决定了学生群体的多样性。学校是一所全日制公办学校，就近免试招生的客观条件决定了学校必须担负起有教无类、教育均衡的工作使命。学校面对多样的家庭教育水平和教育期望，不能单纯地讲困难、提问题，而是要充分发挥学校教育的职责，切实加强家庭教育指导，帮助广大家庭努力提升家庭教育能力，积极培养学校期望的学识广博、品行高雅的博雅学子。

一、了解今天家庭教育面临的问题和困境

（一）家庭面对学生成长的不同预期

对本地居民家庭来讲，家长因为生活的压力较小，出于自身生活条件和见识、视野，往往对孩子的成长没有太高的要求，认为学生的健康更重要，希望学校更多地鼓励学生、宽容学生，希望学校不要给予太多的学习任务和过高的学习要求，希望学生学习顺利、生活快乐。对上海引进的高端人才来讲，他们由于自身的学习生活和成长经历，基于他们对生活的期望和未来的发展，往往要求学校提供更加优质的教育，希望学校加强对学生的教育指导，落实学生的学习训练，丰富学生的学习活动，提高学生的学习质量。他们希望课堂内容更加丰富，作业题型更加多样，训练难度更高一些。当然还有与上述情况截然不同的家长，他们往往比较犹豫，既希望学习上作业少一点、难度低一点，又希望考试上成绩高一点、素养强一点，他们更多地是在两者之间徘徊。

（二）家庭面对学生教育的不同态度

不同的家庭对学生的教育持有完全不同的态度。有的家长认真负责，会监督学生在家的学习活动，检查学生的作业情况，引导学生开展各种阅读和培训，布置各种学习任务，提出明确的学习要求，学生被家长推动着不断前行。有的家长因为工作缘故，往往忙于自己的事情，根本无暇一顾，除了解决孩子基本的接送和饮食问题，对其他方面缺乏了解，不知道

孩子上课是否听懂，回家是否完成作业，课后是否完成背诵，作业是否及时订正，他们觉得这是学校的事情，是老师的事情，是孩子的事情，他们管不了、没空管。也有的家长不懂孩子教育，不知道作为家长应该做些什么。他们只管自己刷抖音、玩游戏、喝小酒、打麻将，最多问一声"作业做了吗"，最多是要求孩子去看书。至于孩子是否完成作业，是否阅读课外书籍，他们根本不在意，只是忙于自己的生活。在他们的眼里，孩子会主动安排好自己的生活。

（三）家庭面对学生教育的不同方法

不同的家庭对学生教育的方法有着截然不同的选择。有的家庭对孩子有明确的要求，孩子有具体的个人发展规划，家长会规范孩子的言行举止，会要求孩子做好自我管理，会监督孩子的学习活动，会抽查孩子的作业情况，会和教师反馈孩子的问题，会共同探讨解决的方案。家长会随时与孩子交流沟通，听取孩子的意见和想法，疏导孩子的心理，提供有效的帮助和辅导。有的家庭根本没有教育要求，完全放任孩子，孩子也缺乏具体的成长目标，家长只是简单询问作业做了吗，至于作业质量如何、是否有困难，根本不会关心。平时不会督促孩子的学习与作业，孩子也没有在家庭中进行朗读、背诵等活动。家长把孩子的学习完全交给孩子，他们往往认为学习是孩子的事情，是教师的职责，是学校的职责。不同的家庭教育方法，影响和决定着孩子的成长和发展。

（四）家庭面对学生成长的不同困难

不同的家长对教育学有不同的认知。有的家长懂得教育学理论，知道学生学习和生活中会遇到各种问题和困难，他们会经常与孩子交流，听取他们的想法，了解他们的难处，给予细心的指导和帮助。有的家长不懂教育学理论，不了解孩子的学习和生活，往往按照自己的生活经验来教育孩子，认为只靠训斥、管教就能教育好孩子，简单地用"棍棒底下出孝子"的传统思路来教育，完全忘记了时代的发展和学生的自我要求。随着孩子的逐渐成长，孩子会变得叛逆甚至对抗家长，家长只能无奈地接受孩子的忤逆，却不会想到自己在教育上的失职和无能。

（五）家庭面对学生问题的种种无奈

随着时代的发展，学生的问题也变得更加多样与复杂。有的学生不愿意勤奋学习，不愿在学习上付出与努力，只是得过且过。有的学习被动，日积月累，逐渐产生很多学习障碍，根本无法跟上学习节奏，慢慢地掉队。有的痴迷于网络游戏，不分昼夜地玩游戏，在游戏世界里不可自拔，变得散漫与颓废。有的学生发生情绪波动，往往无法控制自己，陷入情绪障碍中，逐渐脱离正常的学习生活。有的过于封闭和敏感，沉浸在个人世界里，逐渐产生抑郁等现象。不同的学生有不同的问题，不同的问题造成不同家庭的苦恼与痛苦，家长们往往无可奈何、不知所措。

二、明确学生发展需要具备的能力和品格

（一）家长要培养学生自主生活的能力

家长要明确学生的培养目标与要求，不能仅仅单纯地养育，还要进行教育和指导。家长要培养孩子自主生活的能力。不能过多地包办，不能一味地放任，要培养孩子基本的自主生活能力。要教育孩子学会独立生活，养成规律的生活作息、良好的饮食习惯，做到不挑食、不偏食，养成良好的卫生习惯，学会照顾自己的生活。教育孩子学会自主管理，约束自己的行为，控制自己的情绪，整理自己的物品。教育孩子学会适应社会，学会与同学友好相处，学会结交朋友，学会遵守社会秩序，学会听从老师的教育，学会自觉改正自己的过错。

（二）家长要培养学生自主规划的能力

家长要培养学生自主规划的能力。要教育孩子明确自己的责任，不能贪图娱乐与休闲，不能贪图松散与放任，要找到自己的人生价值和生活追

求，要树立为家乡、为国家发展贡献力量的信念。要教育孩子制定自我发展规划，制订每天的学习计划，落实自己的学习要求，按照学习计划开展活动，认真完成学习任务。学生在自我发展规划的指导下，会听从家长和教师的教育引导，勤奋学习、积极进取，努力成为最好的自己。

（三）家长要培养学生自主学习的能力

家长要培养学生自主学习的能力。一味地陪读、监督是低效的，我们要培养孩子自主发展的能力。学习需要自觉，需要坚持，需要刻苦，需要孩子发自内心的积极和进取。学生要养成良好的学习习惯，学会课前预习，思考和发现学习上的问题。学会认真听讲，听清教师的讲解内容，理清解决问题的思路。学会积极思考，找到已知条件，尝试解决方法，验证解决思路。学会有效练习，按时完成学习任务，努力提高练习质量，及时完成错误订正，科学梳理知识体系和变式练习。当孩子养成了自主学习的习惯，学习就成为一种自觉，家长也就无须焦虑和过多干预。

（四）家长要培养学生自主评价的能力

家长要培养学生自主评价的能力。今天的学习表现怎么样，是否认真听讲，是否积极思考，是否主动交流，是否合作活动？孩子可以科学评价自己，从而肯定自己的进步、发现自己的不足。自己的学习基础怎么样，哪些学科有优势，哪些学科有困难，是否能够达到自己的发展目标？孩子要做到心里有数，不能稀里糊涂，不能迷失方向。自己的学习方法是否科学，上课听讲的效果怎么样，作业完成的质量是否能保证，是否能够独立完成错误订正？学生可以通过客观的分析和评价，发现自己存在的问题和困难。每个孩子都是不一样的个体，我们不能用整齐划一的目标来要求孩子，要让孩子通过自主评价，来正确认识自己、定位自己，从而找到自己的成长道路。

（五）家长要培养学生自主调整的能力

家长要培养学生自主调整的能力。在日常生活中，孩子可能会与同学发生冲突和矛盾，家长要指导孩子找到解决冲突和矛盾的方法，不能让孩子简单地忍受，也不能让孩子粗暴地进行对抗，要让孩子找到合理的解决途径，有效地化解冲突和矛盾。在学习活动中，孩子可能没有及时完成学习任务，可能会在测试中遭遇失败，受到老师的批评和责备，家长要教育孩子及时和老师沟通，反馈自己的困难和问题，寻求老师的帮助和辅导。随着学习科目的增多和测试难度的提升，孩子的学习问题不断增加，学习成绩可能会不断下降，家长要教育孩子科学地分析自己的基础，客观评价自己的学习能力，及时调整自己的发展方向，找到适合自己的成长路径，不再简单地与他人比较，不再拘泥于过去的发展目标，承认自己的弱点，发现自己的短处，接受自己的平庸，从而踏踏实实地完成自己的任务，切实走好自己的成长道路。

三、学校指导家庭教育的有效策略

（一）学校要加强教育思想宣传

学校要切实加强教育思想宣传，不能被部分家长的想法和要求左右。学校要明确自己的办学思想，贯彻党的教育方针，关注学生的需要，努力培养德智体美劳全面发展的社会主义建设者和接班人。要加强学生的思想教育，从理想信念、家国情怀、诚实守信、责任担当、意志品质等方面开展教育指导，切实推进"五自"教育（自主规划、自主学习、自主管理、自主评价、自主调整），努力培养学生的五项能力（学会学习、学会运动、学会交流、学会合作、学会创造）。明确学生的发展目标和学习任务，落实学生的学习行动，使学生养成良好的学习习惯，掌握科学的学习方法，从而推动学生不断前进、茁壮成长。

（二）学校要加强家校沟通交流

学校要加强家校沟通交流。学生的培养离不开家长的教育、家庭的支持，要充分发挥家庭教育的作用。教师要及时反馈学生的学习表现，如上课是否认真，作业完成是否及时，订正是否自觉，复习是否有效。要及时把学生的学习情况告知学生和家长，让家长监督学生。家长要及时反馈学生在家的表现，如是否养成规律的生活习惯，是否按时睡觉、起床，是否自主开展活动，是否进行体育锻炼，是否与家人融洽相处，是否与家人沟通交流，要让老师了解学生的表现。家长要反馈学生的特殊情况，如是否存在特异体质，是否需要特殊照顾，是否存在心理困惑，是否需要心理疏导，从而让特殊的学生得到适当的关心和帮助，避免不必要的矛盾与冲突。

（三）学校要加强家长培训指导

学校要充分发挥家长学校的作用，加强对家长的培训指导。很多家长往往缺乏教育经验，不知道如何正确地教育孩子，同时也缺乏教育方法，只是用自己的经验来教育孩子，教育效果往往有限。学校要根据学生的不同年龄阶段，开展不同主题的教育培训。在学习上，一年级学生要注重学习准备和学习习惯培养，二年级学生要注重学习习惯和生活习惯养成，三年级学生要注重学习方法，四年级学生要注重学习困难和问题的解决，五年级学生要注重个人的差异发展。学校要发挥教育资源优势，聘请不同类别的市区级专家，针对专项问题进行教育指导，帮助家长厘清教育思路，找到教育方法，落实教育措施，从而真正有效地教育和指导孩子。

（四）学校要提供教育指导帮助

孩子在成长的过程中，会遇到各种问题和困难，会有各种矛盾和冲突，这时特别需要学校提供相应的教育指导和帮助。学校要关心每个学生，教师要把学生当作自己的孩子来教育。有的小学生自主能力弱，打饭、吃饭都有困难，班主任要特别关心照顾，要想方设法鼓励孩子，帮助孩子逐步养成良好习惯。有的学生理解能力弱，学习知识往往要经历两到三遍的讲解，教师可以提供学习小视频，帮助学生进行反复学习，从而解决学习理解问题。有的学生自我控制能力弱，上课容易走神、分心，教师要多关心和帮助，增加学生课堂练习活动的机会，及时把学生引到课堂上来。有的学生性格内向，遇到问题闷在心里，慢慢形成心理障碍，教师要加强关心，及时提供专业的心理疏导，帮助孩子解决心理问题。学校要始终站在促进学生发展的角度，关心学生的学习与生活，加强学生的教育和疏导，及时提供帮助和指导。

（五）学校要加强家庭教育指导

学校要深入了解区域家庭教育状况，了解家长的教育期盼，了解家长的教育方法，了解学生的发展状况，从而提供积极的指导，不断提升家庭教育的能力。要发挥学校教育主阵地的作用，加强教育政策和教育理论的宣传，转变广大家长的教育思想。要发挥学校教师专业的优势，积极开展各种家庭教育讲座，分析学生发展中遇到的问题和困难，提供有效的教育举措，不断优化家长的教育方法。要积极争取专业部门的资源，邀请各级专家开展专题讲座，开拓家长的教育视野，丰富家长的教育措施，聚焦学生发展的现实问题，开展有效的指导工作。

四、切实构建家校协同的系统化教育网络

（一）家委会要充分发挥协同配合作用

家委会要充分发挥作用，协同配合学校开展工作。要关注学生上学、放学的实际问题，组织家长志愿者开展护校行动，落实交通安全管理，加强学生安全看护，为师生创造安全的校园环境。根据学生发展的需求，积极筹划家庭亲子系列活动，引导家长参与亲子活动，与孩子共同开展体育锻炼、书籍阅读、劳动实践、公益活动、影视欣赏等活动，丰富孩子的课外生活。关注孩子成长中的重点问题，了解孩子的生活需求和心里的想法，开展教育指导工作，帮助家长解决学生叛逆心理、生涯规划问题、心理障碍等各种问题，努力寻找解决办法，共同落实教育措施。

（二）司法机关要切实发挥教育指导作用

学校要加强与司法机关的联系，依托司法机关开展学生教育指导工作。

要借助派出所法治民警的力量，对行为有偏差的学生开展帮教工作，开展防诈骗等宣传教育。借助法院、检察院的力量，开展交通安全教育、法律宣传、校园防欺凌教育等活动，引导学生学习了解法律知识，切实遵守法律法规，自觉规范言行举止，知法、守法、护法。学生在学校会出现各种问题、表现出各种行为，学校要借助司法机关的力量，及时进行教育和处理，加强对学生的教育，从而有效防止非法现象的发生，切实保障全体学生的权益，有效创建安全、文明的校园环境。

（三）街镇部门要积极关心支持学校教育

街镇部门要关心和支持学校教育，了解学校发展面临的困难和问题，及时提供相应的帮助，切实解决学校办学中的问题。要加大对学校办学的经费支持，积极扶持学校开展区域特色文化的学习，保障经费投入，提供政策支持，扶持学校积极创建特色项目和特色品牌。要发挥街镇的组织作用，提供各种展示机会，让更多的优秀学生、优秀节目在区域内展示，推动学校教育的不断提升。

（四）教育管理部门要加强教育组织管理

教育管理部门要加强学校办学的组织管理，引导学校积极创建优质教育，努力打造办学品牌。加强学校管理团队的培训，提供各种学习培训机会，切实提升管理团队的工作水平和工作能力，努力打造与区域经济发展相适应的优质教育。加强教师队伍专业化培训，定期开展教育教学调研活动，了解教师的教学情况、教师的工作态度，分析教师教学中的问题和不足，组织开展专题研讨活动，促使教师不断优化教学行为，切实提升教学实效。加强学生、家长的访谈，听取学生、家长的意见，了解家长的教育需求，推动学校不断提升教育教学水平，落实学生的教育指导工作。

（五）督导部门要科学评价指导学校教育

督导部门要发挥专业督导、评估的作用，认真落实挂牌督导工作职责，定期开展教育教学督导工作。要了解学校开学准备情况，指导学校检查校园设施设备，确保校园安全有序。开展教师专业化发展督导，了解学校校本研修的具体举措，了解学科组专业研讨的具体行动，观察和了解课堂教学状况，科学评价教师专业化发展水平。开展学校课程建设专项督导，了解学校课程实施计划，了解学校教学常规管理制度，查阅教师备课、作业、测试等工作的情况，深入了解国家课程校本化实施的具体举措，了解学生校本练习开发情况，全面掌握学校课程实施的真实水平和具体情况，从而提出有效的意见和建议，推动学校高质量办学。

学校面临的家庭教育情况是与区域经济社会发展相匹配的，学校要有清醒的认识，不能简单地埋怨或者推诿。要积极发挥学校教育的引导作用，开展各种形式的教育活动，加强对家长的教育指导，引导家长关心学生、督促学生、指导学生、陪伴学生。要发挥教师的作用，积极开展各种形式的家校沟通交流，全面了解学生学习与生活状况，准确把握学生发展需求，科学分析学生发展中遇到的问题和困难，家校携手共同开展教育指导，切实帮助每个学生。要发挥区域不同单位的作用，形成协同育人的工作机制，积极开展学生教育指导，努力提升家庭教育能力，为培养新时代德智体美劳全面发展的社会主义建设者和接班人而不懈努力。

第四节　推进家校协同育人实践，促进学生全面健康成长

学校不仅要完成国家规定的课程教学的任务和要求，还要全面贯彻党的教育方针，深入推进立德树人教育，关注学生的发展需求，全面了解学生发展的问题和困难，形成系统的教育指导措施，促进学生的个性发展和健康成长。要发挥家校协同作用，积极推进家校协同育人行动，形成学校、家庭、教师、学生相互支持、共同配合的教育系统，落实学校办学思想，努力实现学校培养目标，切实有效地培养学识广博、品行高雅的附校学子，

为使其成长为合格的社会主义建设者和接班人奠定扎实的基础。

一、了解学生成长中的问题

随着学生年龄的增长、学习任务的加重、考试要求的提高，学生往往会发生变化，出现各种各样的问题。学习问题：态度不端正，学习压力大，不爱学习，注意力不集中，学习焦虑等。社交问题：不自信，内向不合群，自私任性，沉迷网络，有暴力倾向等。家庭亲子问题：任性不礼貌，胆小不自信，缺乏主见，逆反焦虑，消极冷漠等。生活问题：自理能力差，做事拖拉，做事没有耐心，喜欢名牌服装等。不良情绪问题：自卑、孤独、焦虑、抑郁、逆反等。不良行为问题：违反纪律，不做作业，破坏公物，欺负同学，作弄同学，涉足娱乐场所等。不同学生因为生活环境、家庭教育、校园生活、学习经历的差异，会产生各种不同的问题，学校、教师、家长要有充分的心理预期，要积极地直面学生的问题，努力形成家校协同育人机制，共同担起教育、引导的职责，从而有效地教育和指导学生，促进学生的全面发展和健康成长。

二、正确认识家校教育职责

（一）正确认识家庭教育职责

《中华人民共和国家庭教育促进法》明确要求：父母或者其他监护人应当树立家庭是第一个课堂、家长是第一任老师的责任意识，承担对未成年人实施家庭教育的主体责任，用正确思想、方法和行为教育未成年人养成良好思想、品行和习惯。未成年人的父母或者其他监护人及其他家庭成员应当注重家庭建设，培育积极健康的家庭文化，树立和传承优良家风，弘扬中华民族家庭美德，共同构建文明、和睦的家庭关系，为未成年人健康成长营造良好的家庭环境。家长要清醒认识到自己肩负的责任，认真履行家庭教育的职责，加强对孩子的教育和指导，努力创建温馨的家庭环境，传承优良的家风，引导孩子弘扬中华传统美德，引导孩子勤奋学习、积极向上，督促孩子全面发展和健康成长。

（二）正确认识学校教育职责

《中共中央　国务院关于深化教育教学改革全面提高义务教育质量的意见》明确要求：树立科学的教育质量观，深化改革，构建德智体美劳全面培养的教育体系，健全立德树人落实机制，着力在坚定理想信念、厚植爱国主义情怀、加强品德修养、增长知识见识、培养奋斗精神、增强综合素质上下功夫。坚持德育为先，教育引导学生爱党、爱国、爱人民、爱社会主义；坚持全面发展，为学生终身发展奠基；坚持面向全体，办好每所学校、教好每名学生；坚持知行合一，让学生成为生活和学习的主人。学校要认真担负起为党育人、为国育才的神圣使命，要落实立德树人教育，深入推进"双新"课程的实施，不断丰富学生的校园生活，开展丰富多彩的实践活动，促进学生的个性发展和健康成长。

（三）正确认识教师教育职责

《新时代中小学教师职业行为十项准则》明确对教师教育提出要求：潜心教书育人。落实立德树人根本任务，遵循教育规律和学生成长规律，因材施教，教学相长。关心爱护学生。严慈相济，诲人不倦，真心关爱学生，严格要求学生，做学生的良师益友。不得歧视、侮辱学生，严禁虐待、伤害学生。

三、落实学校职责，规范学生成长

学校要落实好教育学生的职责，不是仅仅提供学生活动的场所，不是单纯让学生进班级上课，不是单纯组织学生参加测试活动，不是简单地评价学生的成长和发展。学校要发挥教育主阵地的作用，为学生的成长发展奠定扎实基础，提供各种学习生活条件，落实各项具体的要求，从而规范学生的学习、落实教育的要求、促进学生的发展、发挥学校的功能。

（一）落实道德素养要求

学校要落实道德素养要求，明确学生道德素养的教育，培养学生基本的思想道德，用道德素养规范学生的日常行为。要教育学生：（1）热爱祖国，热爱人民，热爱中国共产党。（2）遵守法律法规，增强法律意识，遵守校规校纪。（3）热爱科学，努力学习，勤思好问，乐于探究。（4）珍爱生命，注意安全，锻炼身体，讲究卫生。（5）自尊自爱，自信自强。

（二）落实行为规范要求

学校要落实学生行为规范要求，从一年级开始，扎实开展行为规范教育，让学生养成良好行为习惯，自觉遵守和落实各项要求。要深入推进中小学生行为守则的学习和践行，培养学生养成规范的行为。要教育学生：（1）爱党爱国爱人民。（2）好学多问肯钻研。（3）勤劳笃行乐奉献。（4）明礼守法讲美德。（5）孝亲尊师善待人。（6）诚实守信有担当。（7）自强自律健身心。（8）珍爱生命保安全。（9）勤俭节约护家园。

（三）落实文明素养要求

学校要落实文明素养要求，加强学生的文明礼仪教育，推动学生养成好习惯、提升文明素养，为未来成为社会主义的建设者和接班人奠定扎实的基础。要教育学生：关心集体，积极参加团队活动；乐于助人，主动帮助同学邻居；尊敬师长，主动问好，自觉让路；遵时守纪，做到按时上学放学；讲究卫生，养成良好卫生习惯；热爱劳动，认真做好值日工作；保护环境，积极参与垃圾分类；努力学习，独立按时完成作业；诚实守信，虚心接受批评教育。

（四）落实学习行为要求

学校要落实学生学习行为要求，明确告知相关内容，落实学生的教育指导，不是单纯组织学生开展上课、作业、测试等活动，而是要明确各项活动的要求，从而真正地教育和塑造学生。要讲清学习行为的具体要求：

上课专心听讲，积极参与学习讨论，养成良好的学习习惯，独立按时完成作业，学会积极分析思考，敢于提出问题或想法，自觉开展预习复习，积极开展课外阅读等。学生要在学习过程中逐步执行上述要求，从而形成良好的学习行为，有效地提高学习的效率。

（五）落实安全自护要求

学校要加强学生的安全教育，强化学生的安全责任意识，让学生增强自我保护能力，明确安全教育的具体内容，教育学生必须严格遵守安全规范，为自己和他人的生命安全和身体健康负责。这些具体的要求要让每个学生了然于胸：依次有序行走，不奔跑打闹；懂得安全防护，不攀爬跳跃；合理使用用具，防止误伤他人；注意饮水安全，小心防止烫伤；懂得自我保护，不私自戏水游泳；遵守交通法规，不违规出行；牢记消防安全，不随意用火玩火；注意用电安全，及时关闭电器；注意网络安全，防止网络诈骗；加强自我防护，防止意外伤害。

（六）落实理想自信要求

学校要强化学生的理想自信教育，不仅要提出行为规范、学习习惯、安全自护等方面的要求，还要加强学生理想和信心的教育，要帮助学生经历学习的磨练，接受各种挑战，遭遇各种挫折，让学生从失败中增强奋斗的勇气，从困难中找到胜利的信心，在学习生活的过程中不断历练自己、成就自己。要引导学生：敢于表达自己，勇于接受挑战；勇于肯定自己，懂得尊重他人；正确认识自我，乐于接纳自己；肯定自我行为，善于自我鼓励；乐于接受学习，不断充实自己；坦然面对失败，保持乐观自信；勇于接受挑战，学会自尊自强。

四、落实教师教育，领航学生成长

教师是教育的园丁，不仅是辛苦的播种者，也是学生学习上、思想上的领航者。教师不仅是进行课堂教学、作业批改、成长评价的导师，也是领航学生成长的引路人，要教育学生树立正确的价值观，合理规划时间、自主安排生活、自觉主动学习、主动参与实践等。

（一）教育学生树立正确价值观

学校教育最核心的任务就是教育学生树立正确的价值观，社会主义核心价值观对公民的要求就是爱国、敬业、诚信、友善。一个学生不能局限于个人的需求，不能满足于自身的发展和进步，要在社会发展的定位中要求自己，对自己有要求，对社会有责任，对人生有目标，学会正直、善良、真诚、勤奋；要富有爱心和勇于承担责任；要有远大的理想和崇高的精神追求。只有这样，才会持之以恒地勤奋学习，才能无怨无悔地投入学习活动，才能乐观开朗地面对困难和挑战。只有正确价值观的激励，才能促使学生不断学习和积极进步。

（二）教育学生合理规划时间

学习活动有各种内容和要求，学习生活很忙碌，学习压力也很大。教师一定要教育学生合理规划时间。随着学科的增多、难度的增加、要求的提高，学生的学习任务会不断增加。要解决这么多的问题，就一定要学会合理规划时间。要制订时间计划表，确定在规定的时间里做什么事情，要养成时间观念，防止拖拉、磨蹭。要充分利用零碎时间，在有限的时间间隙里开展一些可行的活动，从而用足时间。要养成时间观念，一定要及时开展学习活动，到点就要坚决停止活动，把自己从学习的无限循环里解脱出来。通过反复训练，就能切实解决时间不够、效率不高的问题。

（三）教育学生自主安排生活

教师要教育学生自主安排生活。学生到学校是来学习各种本领和技能的，教师不要过多地帮助学生，也不要降低对学生的要求，每个学生未来都要成为自己的主人。学生要学会遮风挡雨，用好身边的雨具；要学会整理自己的用品，确保学习资料井井有条。学生要学会自己采购学习用品，根据自己的需要选择合适的物品，培养自己的理财意识。学生要学会自主娱乐，根据个人爱好选择相应的娱乐活动，能够让自己放松，愉悦自己的身心。

（四）教育学生自觉主动学习

教师要教育学生自觉主动学习，教育学生明确学习的责任，学生不能一味地等待老师的指导和要求，要有学习自觉性。学生要能够自主开展预习活动，为课堂学习做好准备；能够学会自主复习巩固，特别是加强重点语段和重要概念的理解背诵，切实掌握重点知识和定理，实现知识的巩固；能够积极开展课外阅读活动，利用空闲时间进行经典书籍的阅读，增加文学知识的积累，提升自己的阅读感悟能力。

（五）教育学生主动参与实践

教师不仅要教给学生知识和文化，也需要教育学生主动参与实践。传统的授业解惑往往培养的是注重知识学习的读书人，他们往往缺乏生活实践历练，无法适应环境、解决生活问题。教师不能单纯关注知识的学习，而是要发挥学生的主动性，引导学生参与实践活动，培养活动能力，学会适应社会、适应生活。

五、落实家长职责，陪伴学生成长

今天的家长往往对孩子的教育缺乏正确的认识，缺乏应有的手段，缺乏必要的时间，缺乏用心的陪伴，往往只是简单询问、批评训斥、放任自流、不以为然。家长一定要担负起责任，切实负责学生成长的教育督促工作，要关心学生的社会交往、娱乐生活、学习负担、学习困难、心理健康、思想变化。学生需要正确的引导、规范的教育、持续的督促、细心的疏导、用心的陪伴。

（一）关心学生的社会交往

家长要关心学生的社会交往。不能简单地要求学生，一味把学生局限在学校、家庭"两点一线"里，学生应该有自己的社会交往。家长要鼓励学生交朋友，和同班同学或小区的伙伴等交往。学生要有自己玩耍的伙伴，可以经常聚集在一起，相互交流、共同玩耍，在与伙伴交往中经历合作、谦让、冲突、矛盾、分歧、差异等。学生只有经历真实的人际交往，处理真实的社交问题，才能更加真切地了解社会、了解生活，才能更好地适应社会、适应生活。家长要了解学生的伙伴情况、个人的兴趣爱好、经常性的活动内容、总体的思想表现等，要激励学生积极向上、相互促进。

（二）关心学生的娱乐生活

家长要关心学生的娱乐生活。家长往往会抱怨学生总是沉迷于游戏、沉浸在网络世界里，那是因为学生没有其他的娱乐生活，这只是一种无奈的选择。家长要带领学生参加各种活动，可以参加体育锻炼，可以欣赏艺术表演、电影演出等，可以一起旅游参观，可以一起参加公益活动。要创造各种机会，让学生接触社会生活，感受真实的世界，了解与学生生活不一样的生活万象。只有让学生参与各种活动，真切了解社会，学生才会阳光健康、积极向上。学习和考试不是学生生活的全部，学生应该有各种各样的娱乐活动，关键是家长要提供给学生。

（三）关心学生的学习负担

家长要关心学生的学习负担。家长不能简单地询问"作业完成了吗，考试了吗，考了多少分，为什么不努力"，不能只是注重学生发展的结果，而要参与学生学习活动的过程。家长要关心学生是否经常朗读背诵，关注学生是否能够熟练掌握基础知识和基础概念。要观察学生作业的时间，关心学生是否能够按时完成作业任务，检查学生作业情况，充分了解学生学习的状况。要加强与学生的交流，询问他们学习是否有困难，是否遇到学习上的难题，是否需要额外的帮助等。要关注学生的承受能力，关注学生是否能够承受目前的负担，是否需要家长的干预。知道学生的学习负担，才能真正提供适切的帮助。

（四）关心学生的心理健康

家长要关心学生的心理健康。家长不管学历情况如何，是否懂得教育心理学等知识，必须关心学生的心理健康。要加强与学生的交流，听听他们的想法，询问他们是否有困难、是否需要疏导。要加强对学生行为表现的观察，要根据学生的情况进行分析，关注其是否存在心理问题，是否需要专业的辅导。家长要理解孩子。随着年龄增大、身心发育、心理变化，孩子出现一些问题是正常的，所以也格外需要家长的指导和关心，需要家长的疏导和呵护。

（五）关心学生的学习困难

家长要关心学生的学习困难。随着学生的学科增多、难度加大，学生在学习上会出现各种困难，有的学生上课听不懂，无法理解老师的讲解内容；有的学生作业做不出，碰到难题就束手无策，根本没有思路；也有的学生作业做不完，常常要拖到半夜三更，学生、家长都苦不堪言。家长要关心学生的学习状况，要加强学生的学情分析，分析学生遇到的困难，根据学生实际，提供相应的指导和帮助。有的学生要加强基础知识和基本概念的学习巩固，要强化背诵识记；有的学生要加强错误典型的归类，形成完整的体系，化解学习中的困难；有的学生要接受个别辅导，要进行典型题目的反复训练，不断强化刺激其神经，从而使其逐步掌握解题方法等。

（六）关心学生的思想变化

家长要关心学生的思想变化。小学低年级的学生往往天真幼稚，但是随着年龄增长，学生的思想会变得更加复杂，家长要有清醒的认识和准确的预判，不要对学生的思想变化无动于衷。有的学生会变得个性更强，甚至出现叛逆现象；有的学生会变得多愁善感，甚至会出现抑郁的情况；有的学生会变得贪玩好动，不安心学习，沉迷于游戏与网络；有的学生会产生朦胧的情感，会对班级的某个异性产生好感等。各种各样的思想变化，家长都要有所了解，要准确分析自己孩子的情况，判断其属于什么现象，根据孩子的表现，提供相应的指导和帮助。在孩子成长的关键阶段，家长一定要关心到位、引导到位，切实帮助孩子。

学生在成长的道路上出现各种问题是正常的，也是不可避免的，关键是我们要积极地担负起职责。学校层面要落实思想道德要求、理想信念要求、行为规范要求、文明素养要求、学习行为要求、安全自护要求。教师层面，要教育学生树立正确价值观、合理规划时间、学会自主生活、学会自觉学习、掌握实践能力。家长层面，要关心孩子的社会交往、娱乐生活、学习负担、心理健康、学习困难、思想变化。学校、教师、家长要协同配合，共同做好教育引导工作。父母是孩子的第一任老师，孩子从幼儿园到小学、中学时期，大部分时间是生活在家庭里，而这正是孩子长身体、长知识，培养性格、品德，为形成世界观打基础的时期，父母的一言一行都会给孩子带来深远的影响。我们教师要用心倾听每一个学生的倾诉，用爱呵护每一个学生的心灵。教师要为孩子撑起一片纯净的蓝天，为孩子开辟一块快乐的土地。学校、教师、家长要协同配合，共同担负起应尽的职责，落实学生的教育与指导，积极引领学生的全面发展和健康成长。

后　记

　　回顾 30 多年的教育工作历程，我经历了农村学校、品牌学校和新优质学校三类不同学校的工作实践，经历了各种各样的教育改革行动。农村学校提高教学质量的迫切要求、品牌学校推进课程建设的主动作为、新优质学校促进教师专业发展的积极探索都深深镌刻在我的记忆中。每一所学校都有自己的教育追求和培养目标，都走在努力办老百姓家门口的好学校的路上。

　　作为一名长期在基层学校摸爬滚打中成长起来的校长，我有幸参与了松江区骨干校园长个性化培养、上海市教委教育信息化国际视野与创新发展出国培训、教育部初中骨干校长 32 期培训班等活动，经过区级、市级、国家级三级专业发展培训，在学校的办学思想和教育追求上得到了许多启示和感悟。2016 年，我带着创建松江区环大学城教育高地优质学校——上海对外经贸大学附属松江实验学校的任务，依托上海对外经贸大学的专业优势、课程优势、资源优势和项目优势，积极探索大学附校的品牌建设。办学期间，我经历了迷茫、探索、思考和尝试破局的复杂历程，同时得到了张人利、张志敏、潘裕民、万恒等多位专家的指导和点拨，对中小学学校的建设和发展逐步形成一些自己的思考和想法。导师们鼓励我把自己的思考和探索写下来，形成系统的办学思想和教育追求。在他们的鼓励下，我经历了 5 年时间的写作，终于完成了这本书稿，也算不负各位导师对我的教诲和厚爱。

　　随着中国式教育现代化的开启和基础教育综合改革的不断推进，我们要深入学习习近平新时代中国特色社会主义思想，认真贯彻总书记对教育的重要论述，认真落实立德树人教育，全面实施三全育人、五育并举的教育战略，积极培养有理想、有责任、有担当的时代新人。在新形势下，我结合大学附校的特点和教育高质量发展的要求，积极探索了打造博雅教育、培育博雅学子的实践路径。我校传承上海对外经贸大学"诚信、宽容、博学、务实"的校训，确立"博学善思，惟精惟一"的办学理念，提出"勇于进取、乐于合作"的校训精神，注重让学生实现"知识、能力、素质"的协调发展。我们所提出的"博雅教育"中，"博"指学识广博，"雅"指品行高雅。我们提出的"学识广博、品行高雅"的育人目标，体现了"博雅教育"在义务教育阶段的探索实践，也是在尝试建构一种新的教育生态。

　　义务教育阶段学校校长专业标准提出了六大专业职责：规划学校发展、营造育人文化、领导课程教学、引领教师成长、优化内部管理、调适外部环境。博雅教育的探索过程就是我学习校长专业标准开展具体实践的历程，我们在探索办学思想、推进课程建设、促进教师专业发展、实现家校社协同育人、促进学生全面健康成长方面进行了有益的探索和实践，虽然辛苦，但是收获颇多。看到众多博雅学子、博雅教师和博雅家庭的成长和发展，我们倍感光荣和骄傲。"路漫漫其修远兮，吾将上下而求索。"我们将积极担负起为党育人、为国育才的教育使命，在创建优质教育、满足人民需求的教育实践中奋勇前行、不懈努力。

　　在本书的写作过程中，我得到了学校管理团队和教师团队的大力支持，他们按照学校的办学思想，开展深入的探索和实践，形成了许多鲜活的案例和成功的项目，成为我写作本书时重要的参考资料。我在本书的写作过程中，还得到了张人利、张志敏、高彩霞、潘裕民、马园根等上海教育界专家和老师的指导与点拨，在此一并表示衷心的感谢。同时，对在本书写作过程中参考和引用的相关政策文件和教育论述的作者及单位，也表示衷心的感谢。

陈伟平

2024 年春节于上海

图书在版编目（CIP）数据

"博雅教育"的内涵发展与实践探索／陈伟平著. -- 桂林：广西师范大学出版社，2024.10. -- ISBN 978-7-5598-7410-8

Ⅰ. G522.3

中国国家版本馆 CIP 数据核字第 20240SW213 号

"博雅教育"的内涵发展与实践探索

"BOYA JIAOYU" DE NEIHAN FAZHAN YU SHIJIAN TANSUO

出 品 人：刘广汉

责任编辑：刘孝霞　李　远

装帧设计：侠舒玉晗

广西师范大学出版社出版发行

（广西桂林市五里店路 9 号　　　邮政编码：541004
网址：http://www.bbtpress.com）

出版人：黄轩庄

全国新华书店经销

销售热线：021 - 65200318　021 - 31260822 - 898

山东韵杰文化科技有限公司印刷

（山东省淄博市桓台县桓台大道西首　邮政编码：256401）

开本：690 mm × 960 mm　　1/16

印张：12.5　　　　　　字数：186 千

2024 年 10 月第 1 版　　2024 年 10 月第 1 次印刷

定价：58.00 元

如发现印装质量问题，影响阅读，请与出版社发行部门联系调换。